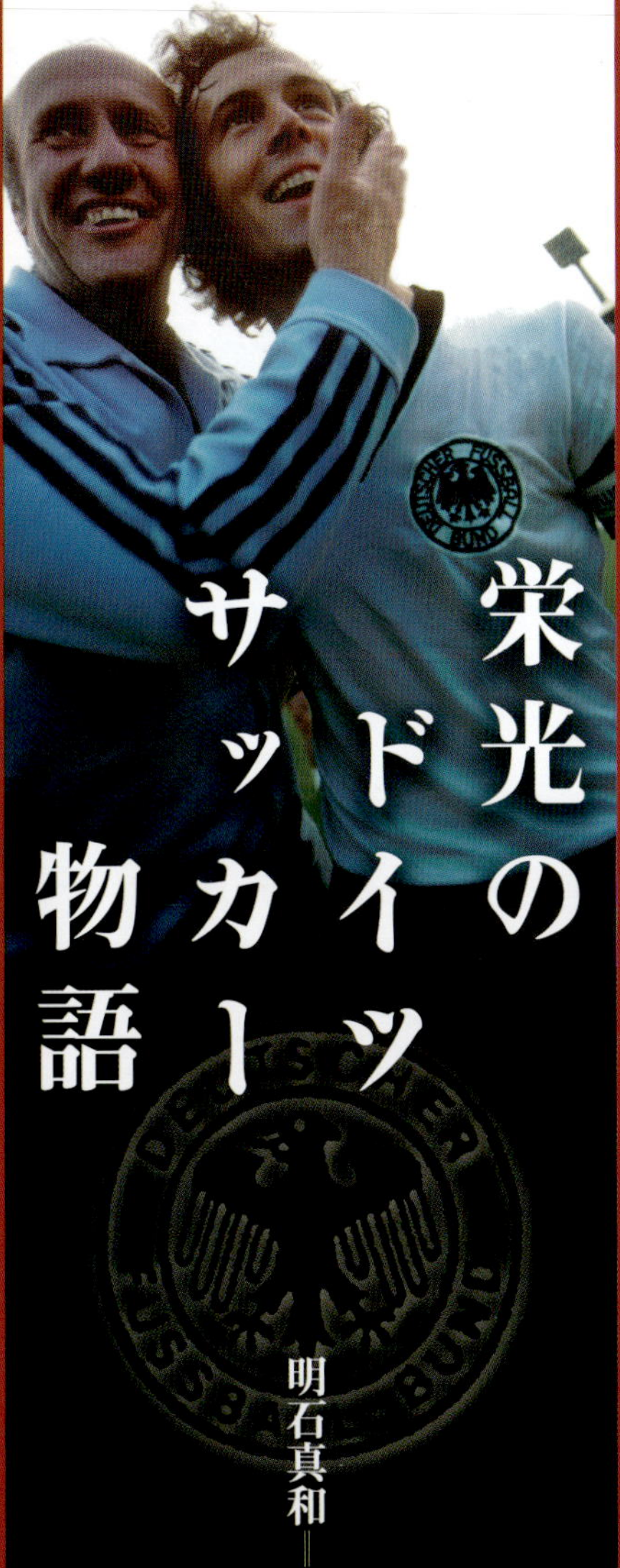

栄光のドイツサッカー物語

明石真和＝著

大修館書店

⬆ブンデスリーガ
優勝パレードで
マイスターシャーレ
（優勝の円盤）をかかげる
ヴァイスヴァイラー監督

⬇日本サッカー界の恩人
デトマール・クラマー

⬆シェーン。
1975年シーズン
終了後のパーティで。

⬅1974年ワールドカップ
西ドイツ大会，
決勝戦後の
ベッケンバウアー

©photo 富越正秀

⬆西ドイツの闘将ウーヴェ・ゼーラー

⬆西ドイツチームの記者会見の様子
(中央にシェーンの顔も見える)

⬇1974年ワールドカップ西ドイツ大会決勝戦,
西ドイツ優勝の瞬間

⬇1974年ワールドカップ西ドイツ大会決勝,
西ドイツ対オランダ,西ドイツゴール前の攻防
(GK/マイヤー,ベッケンバウアー,
クライフ等の顔が見える)

↑1974年ワールドカップ西ドイツ大会2次リーグ，対ユーゴスラビア戦（デュッセルドルフ）前の西ドイツチーム

プロローグ

「ドイツのサッカーは、勝負強いけど、おもしろみに欠けますよね。なんだか固い感じで……」

10代、20代の若いサッカーファンと話をすると、よくこんな感想がでる。そのたびに、私はこう答えている。

「そんなことはないよ。みんなは知らないかもしれないけど、昔のドイツは強いだけでなく、流れるような美しいサッカーをしていたんだよ」

そう反論しつつも、実は、若い人たちの気持ちが分からないわけではない。たしかに最近のドイツは、ワールドカップでこそ、そこそこの結果を残してはいるが、ブラジルやイタリア、フランスやオランダに比べ、なにか物足りない。華のあるスター選手も少ない。身体の大きさとパワーにまかせ、敢闘精神を前面に押し出した戦いぶりは、どこかギクシャクとしている。

ふりかえれば、名選手を数多くそろえていた1970年代のドイツのサッカーは、ひとりひとりがテクニックに優れ、世界でも有数の美しいプレーをしていた。今でも、ある年齢以上のファンは、この意見に賛同してくれるであろう。なぜ、当時のドイツは、あれほど強かったのか。ベッケンバウアー、ミュラー、ネッツアー、オヴェラートといった当時の名手は、どんな環境に育ったのだろう。

彼らが子供だった頃は、第2次大戦後の瓦礫の中で、毎日のようにボールを蹴っていた時代である。その少年たちが成長して一流選手になり、一気に開花したのが1960年代後半から1970年代だったのではないだろうか。それはドイツにかぎらず、戦禍を受けた英国やオランダ、ポーランドでも同じような状況であったことだろう。

ドイツサッカー黄金時代は、日本のプロ野球で言えば、川上哲治監督率いるジャイアンツのV9時代に当たっていた。日本で王貞治や長嶋茂雄が大活躍していた頃、ドイツにはベッケンバウアーやミュラーがいた。戦後の廃墟の中で、おおらかにたくましく育った個性が、組織の中で輝いていた。アジアの日本とヨーロッパのドイツ、遠く隔たった2つの国に、何か共通のものを見る思いがする。

当時の西ドイツ代表チームを率いたのは、ヘルムート・シェーン監督であった。彼は、技術に優れた選手を集め、それぞれに役割分担を徹底させてチーム作りを行った。対戦相手に合わせてうまく選手を組み合わせ、ドイツサッカーの特長である組織プレーを生かして常勝チームを作っていった。

本書は、このヘルムート・シェーンの人生を軸に、ドイツサッカーがもっとも輝いていた時代を辿ったものである。それは、日本で、サッカーがまだメジャースポーツではない時代のことであった。

私たちの世代のファンは、外国の情報に飢えて、雑誌を読みあさり、数少ないサッカー放送にテレビの前にかじりついていた。遠い国のペレやエウゼビオやジョージ・ベストやウーヴェ・ゼーラーを、まるで友達のような身近な存在に感じていた。

そんな思い出を共有する同世代の仲間たちは、日本全国にたくさんいるであろう。名前も知らず、会ったことも話をしたこともないけれど、同じ時代を生きたサッカー仲間たちが、本書を手に「そうそう、そんなこともあったなあ」と、昔を思い出すきっかけになってくれれば、これにまさる喜びはない。また、ドイツ黄金時代を知らない若い世代が、過去のドイツサッカーを知り、これからのドイツに興味をもってくれれば、なおいっそううれしいかぎりである。

本書にはたくさんの人名が出てくるが、煩瑣《はんさ》になるのをさけるために敬称は略させていただきました。

第1章

第2次大戦とドイツサッカー

◆帽子の男シェーン

1. ドイツ代表監督の座

◎ 2004年ユルゲン・クリンスマン就任 ◎

2004年8月1日。ドイツの新しい代表監督にユルゲン・クリンスマンが就任した。クリンスマンは、1990年第14回ワールドカップ・イタリア大会でのドイツ（当時西ドイツ）優勝に大きく貢献したゴールゲッターである。その後代表チーム主将も務めたほどの名選手であり、明るくスマートなイメージで多くのファンをもっている。

ユーロ2004（ヨーロッパ選手権）での1次リーグ敗退によりルディ・フェラー監督が辞意を表明した後、次の監督をめぐる後任探しはおおいに難航した。ドイツサッカー連盟（DFB）は、まずフェラーの翻意をうながしたもののうまくいかず、続いてオットマール・ヒッツフェルト（前FCバイエルン監督）、オットー・レーハーゲル（ギリシャ代表監督）、アーセン・ヴェンゲル（アーセナル監督）……という具合に、次々に大物監督と交渉をもったが、いずれも最終的には断られてしまった。

地元開催の2006ドイツ・ワールドカップまで2年を切ったこの段階で、チームを根本からつくくり直さなくてはならず、しかも、この時のドイツには、中心となるべき大物選手が育っていない。人材不足は否めない。誰が監督になっても、多難な前途が予想され、なかなか引き受け手の見つからなかったことも容易に理解できる。ましてや、サッカーシーズン開幕直前のこの時期では、めぼしい大物監督は、すでにどこかのチームと契約を交わしてしまっていることが多い。

ドイツ代表監督に適当な候補者が見当たらない……前代未聞ともいえるこの異常事態に、DFBは急きょ「後任探しの特別委員会」を設置して選考にあたった。ドイツ代表の監督交代に関しては、これまでの場合、DFB会長が強いイニシアチブを発揮し、前任者が去る時点で、後任が決定していることがほとんどであった。それが今回は、特別委員会をつくらなくてはならないところまで追いこまれてい

▲ドイツ代表監督ユルゲン・クリンスマン（2004年12月）

た。

ＤＦＢ会長ゲアハルト・マイヤー・フォアフェルダーと２００６年ワールドカップ組織委員会会長フランツ・ベッケンバウアーを含む４人で構成されたこの委員会は、マスメディアからの攻撃にも決してあせらず、ドイツ人らしく地に足を着け、落ち着いて候補者との折衝を続けた。最終的には、現役引退後アメリカのカリフォルニアに暮らしていた元代表主将ユルゲン・クリンスマンをかつぎ出すことに成功した。

クリンスマン新監督の就任記者会見は、２００４年7月29日に行われ、複数のテレビ局により生中継された。この件に関するドイツのサッカーファンの注目度の高さを物語っている。契約期間は、地元開催のワールドカップ・ドイツ大会を見越して２００６年までであり、クリンスマンは次のような抱負を語った。

「２００６年地元開催のワールドカップでドイツが優勝することをファンの皆さんは願い、それを望んでいると思います。私の目標もワールドカップでの優勝です」

◎　新ポスト「代表チームマネージャー」の設置　◎

クリンスマンの監督就任と並んで、同時に「代表チームマネージャー」として、これも元代表選手のオリヴァー・ビアホフが就任した。ビアホフは、１９９６年イングランドで行われたヨーロッパ選手権の際、チェコを相手に延長にもつれこんだ決勝戦で「ゴールデンゴール」を決めたストライカーである。そのとき、エリザベス女王から優勝杯を受け取ったのが当時主将のクリンスマンであった。

この「代表チームマネージャー」という新しい役職は、DFBとしても初めての試みである。ますますプロ化、ビジネス化の進むサッカー界において、時代の流れを見ながら個々の問題により柔軟に対処するためにDFBがとった処置といえよう。ビアホフは、「競技に関するあらゆることに対応するマネージャー」となり、具体的には「監督、代表チーム、各クラブ、スポンサー、メディアをつなぐパイプ役」として活動するゼネラルマネージャー的な役割を受け持つことになった。

現役引退後、テレビのサッカーコメンテーターとしても活躍していたビアホフは、人当たりもよく、適任であるとの声が高い。どちらかといえば保守的で慎重派のDFBがこのような人事を発表したことは、単に「異例」という表現で片づけられないことだった。

またクリンスマン監督を現場で支えるアシスタントコーチとして、前年度まで隣国オーストリア・ウィーンの指揮をとっていたヨアヒム・レーフが起用された。当初、このポストには、1990年ワールドカップ優勝時にベッケンバウアー監督のアシスタントを務めていたホルガー・オーズィエク(元浦和レッズ監督)が有力視されていたが、けっきょくはレーフに落ち着いた。

◎ 80年間で9人 ◎

サッカーの世界では、成績いかんですぐに監督が交代されるようなイメージがあるが、歴代の（西）ドイツ代表監督を務めたのは何人になるかというと、実は、一覧表の通り、１９２６年に代表監督制が敷かれてからクリンスマン監督に至るまで、なんとたったの９人なのである。

途中、第２次大戦という激動期を間にはさんでいるため、正確にいえば第２代監督ヘルベルガーの任期には短い中断があるのだが、それにしてもおよそ80年間で９人の監督というのは、サッカー界ではあまり例のないことである。しかも、最初の約50年（１９２６―７８）を３人でまかなっている。裏を返せば、（西）ドイツチームが、それだけ連続して好成績をおさめていたことの証ともいえるだろう。日本代表監督が、ここ20年ほどを見ても、今のジーコまでに何人も交代していることを思えば、その安定性がおわかりいただけよう。

この歴代ドイツ代表監督のなかで、特に際立った成績を残したのが、第３代監督ヘルムート・シェーンである。１９７２年にヨーロッパ選手権を制し、７４年のワールドカップで、西ドイツがオランダを下して優勝を飾ったのもシェーン監督のときであった。シェーンの生きた時代をたどると、そこには波乱に満ちたドイツとドイツサッカーの黄金時代が見えてくる。

任期	監督名	主な戦績
1926年—1936年	オットー・ネルツ	1934W3位
1936年—1964年	ゼップ・ヘルベルガー	1954W優勝 1958W4位
1964年—1978年	ヘルムート・シェーン	1966W2位 1970W3位 1972E優勝 1974W優勝 1976E2位
1978年—1984年	ユップ・デアヴァル	1980E優勝 1982W2位
1984年—1990年	フランツ・ベッケンバウアー	1986W2位 1990W優勝
1990年—1998年	ベルチ・フォクツ	1992E2位 1996E優勝
1998年—2000年	エリッヒ・リベック	—
2000年—2004年	ルディ・フェラー	2002W2位
2004年	ユルゲン・クリンスマン	—

（W＝ワールドカップ、E＝ヨーロッパ選手権）

2.

ヒトラー時代のサッカー

◎ 16試合で17ゴール ◎

ヘルムート・シェーンは、１９１５年9月15日にドイツ中東部ザクセン州の古都ドレスデンに生まれた。ドレスデンは、第2次大戦中、連合軍の爆撃によって大きな被害を受けたエルベ河畔の都市で、「ドイツのフィレンツェ」とたたえられた美しい町である。

父親のアントン・シェーンは、ドレスデンで美術品の骨董商を営んでおり、ヘルムート少年は、サッカーとは直接なんの関係もない家庭環境に育った。母親はすらりとした優しい人だったようで、身長が１９０cmを超すシェーンは、「私の長身は母から受け継いだ」といっている。兄と姉がおり、ヘルムートは末っ子だった。

住居のあったシュトルフェ通りの路上や原っぱで仲間たちと草サッカーを繰り返すうち、このスポーツの魅力にとりつかれた彼は、「誰よりもうまくなりたい」と、懸命に技を磨いた。こうして年ごとに上達していき、地元のザンクト・ベノ・ギムナジウムを卒業するころには、名門ドレスデン・スポーツ・クラブ（ドレスデンSC）でも将来を期待される選手に成長していた。

　ギムナジウムとは、日本の中学と高校を合わせたような9年制で、本来大学進学を希望する生徒が通う学校である。卒業後、大学での専門教育にスムーズに入っていけるようなカリキュラムが組まれ、第2外国語をはじめとする一般教養までカバーしているため、卒業時のレベルは現在の日本の高等学校よりも、むしろ戦前の旧制高校に近いかもしれない。

　シェーンは医学部進学を希望していた。しかし家庭の経済事情もあり、兄のヴァルターは大学に進めたが、シェーンは進学を諦めざるを得なかった。とはいえ、そのころのサッカー選手の多くが中卒の時代である。進学率の低かった戦前のドイツで高等教育を受けていたシェーンは、選手としてはかなりのインテリであったといえよう。

▲シェーンが草サッカーをしていたシュトルフェ通り（ドレスデン）

ギムナジウム在学中から、シェーンは1936年のオリンピックをねらう若手代表候補として、「帝国首都ベルリン」での研修に呼ばれるようになっていた。このスポーツ研修には、ドイツ全国から、あらゆる競技種目の500人の選手がベルリンに集められ、ふるいにかけられる。あるときなど、軍服に身をかためたアドルフ・ヒトラーが研修所に姿を現し、数十人の若手サッカー代表候補が整列して迎えたという。

1933年1月に政権の座についてからまだ2カ月が過ぎたばかりのヒトラーは、ベルリンオリンピックを3年後に控えて、多くの「国民の期待の星」を激励におとずれたのだった。シェーンは、ヒトラーを間近で見た「時代の証人」でもあった。

残念ながら、ベルリンオリンピックはヒザの負傷で出場できなかったものの、シェーンは1937年11月の対スウェーデン戦に、22歳の若さで代表デビューを果たした。この試合、ドイツは5対0の勝利をおさめ、初陣のシェーンはそのうち2ゴールを挙げるという大活躍をして注目を浴びた。

そのころのドイツにはプロ制度がなく、シェーンは故郷ドレスデン近郊にある「マダウス」という製薬会社に外交員として勤務しながら、ドレスデンSCでのプレーを続けていた。その間もドイツ代表に選ばれ、足かけ5年間で16試合に出場して17得点を挙げるほどのスター選手となった。こうして彼は少年時代からの夢がかなって、一流サッカー選手の仲間入りを果たしたのだが、時代は若い彼の運命をもてあそぶかのように戦争に突入してしまう。

サッカーで痛めた左ヒザに持病を抱えていたシェーンは、徴兵検査で不合格となり、そのまま国内にとどまることができた。後に、大戦末期の総力戦のなかで歩兵として召集されたときにも、「戦争遂行上の重要企業」とみなされていた勤務先の製薬会社が兵役免除に尽力してくれたため、たった3週間で元の職場に復帰することができた。しかも、薬品をドイツ全土に手配する仕事や、輸送トラックの見張り役などという比較的軽い作業の部署であった。ドレスデンSCや代表チームの同僚の多くが命がけの前線に送り出されているなかで、直接の戦闘とは無縁の場所に身を置けたのは、おおいなる幸運であったといえるだろう。

◎ スパイクを軍靴に ◎

ヒトラーは、あまりサッカーが好きではなかったらしい。もともと画家を目指していた彼には、スポーツは興味の対象ではなかったのであろう。スポーツの具体的な目標を単に「兵役のための予備訓練」とみなしていたともいわれる。

ところが、国際的な影響力という点から見れば、サッカーやその国際試合は世界に対して「平和国家ドイツ」をアピールし、各国から信頼を勝ち得る絶好の舞台である。そのあたりを宣伝の巧みなナチスが見逃すはずがなく、あの手この手で、政治がスポーツに介入するようになる。

サッカー代表選手のユニフォームの胸には、ナチスのカギ十字「ハーケンクロイツ」のついた「帝国の鷲」があしらわれた。試合前の国歌吹奏では、戦争映画でおなじみの右手を斜め上に掲げた「ドイツ式（ヒトラー式）敬礼」を強制されるようになった。両国国歌の演奏中、ずっと右手を挙げたままのポーズをとるのである。当時のドイツには正式の国歌である「世界に冠たるドイツ」と並んで「ホルスト・ヴェッセルの歌」という第2国歌まであり、試合前には相手国も含め、つごう3曲分の歌が流れるのだ。この間、直立不動でずっと右手を挙げて立っているのは、肉体的にもかなり苦痛であったろう。笑うに笑えない話だが、その姿を想像するだけでなんとなくおかしい。

そんな時代の1934年、第2回ワールドカップがイタリアで開かれ、初出場のドイツはオットー・ネルツ監督のもと、3位という立派な成績を残した。ラジオで聞き知った国民は熱狂し、政府首脳部は、あらためてサッカーの影響力を認めることになる。こうして翌1935年には、なんと17もの国際試合が組まれたのである。もっとも当時のことであるから、対戦相手は北欧の国々やオランダ、フランス、ベルギー、イングランドといった周辺諸国に限られていた。代表チームの国際試合の前には、2週間の合宿がセットされていたため、アマチュアだった当時の選手たちは、仕事との両立に苦心したようである。

このような、「ありがた迷惑」ともいえる政府のバックアップのもと、1936年のベルリンオリンピックでは、金メダルがおおいに期待されていた。ところが、意外にも2回戦でノルウェーに敗れてしまい、総統ヒトラーを失望させる結果となった。

ネルツには、この時点では辞任の意思はなかったが、紆余曲折を経た末、後任としてゼップ・ヘルベルガーが就任する。ヘルベルガーは、長い間ネルツのアシスタントコーチを務めており、ネルツ自身も彼の実力は認めていた。ただ、パワーに頼るネルツと、技術やパスワークに重きを置くヘルベルガーのサッカー観の違いもあり、ワールドカップやオリンピックでは、ヘルベルガーにはさほど重要な役割が与えられていなかった。

新しく監督に就任したヘルベルガーのさしあたりの目標は、1938年のワールドカップ・フランス大会と1940年に予定されているオリンピックであった。ところが、ワールドカップを目前にしてナチスは隣国オーストリアを併合してしまった。当時のオーストリアはヨーロッパでも有数のサッカー強国であり、ヘルベルガーは、事実上2つの国の代表選手を融合させるという難題を抱えることとなった。結果として、この融合はうまく機能せず、フランス大会では早々とスイスに敗れ去った。また、1940年のオリンピックは、本来東京での開催が決まっていたのだが、戦争のため返上となり、招致を最後まで争ったフィンランドの首都ヘルシンキに変更された。最終的には、ヨーロッパの雲行きもあやしくなり、ヘルシンキオリンピックも中止になってしまう。

それでも、ドイツの国際試合は、スウェーデンやスイスといった中立国を相手に、まだまだ続けられていた。1941年4月20日のヒトラーの誕生日に、ドイツチームはベルンでスイスと対戦し、0

対1で敗れた。この試合の後、「今後、少しでも思わしくない結果になりそうなときは、スポーツ交流をしないように」という、宣伝大臣ゲッベルスからのお達しがあったという。

戦争が激しくなるにつれ、1942年11月22日の対スロバキア戦をもって、ドイツ代表の試合も中断を余儀なくされた。選手の多くはスパイクを軍靴に履き替え、前線に赴くのであった。当時の代表選手は「総統ヒトラーの政治的兵隊」とみなされており、「サッカー代表選手は、兵隊としても模範兵でなくてはならない」とされる、そんな風潮であった。そのころの代表候補77人のうち、34人が戦死したという記録が残っている。生き残ったものの片腕を失い、それでもサッカーを続けた選手や、試合日に野戦病院から駆けつける選手もいたという。

◎　戦火のもとでのドイツ選手権　◎

ヒトラー政権下でのドイツ国内のサッカーは、全土が16のガウ（Gau）と呼ばれる地域に区分され、各地域でそれぞれ10のトップチームがリーグを形成していた。この各地域のチャンピオンが、さらに全ドイツ選手権を争う仕組みになっていた。

ガウとは、もともと「川沿いの沃野」といった意味合いだが、古代ゲルマン時代の行政区画であったようだ。それをナチスの時代に大管区の名称としたのである。このガウは、ナチス・ドイツが周辺の国や地域を併合するごとに変わっていった。

１９３９年9月1日のポーランド侵攻を境として、徴兵のために選手をそろえられないチームが続出し、やがてガウ・リーグの各チームは、以前のようなプレーの質を維持できなくなっていく。チームの存続自体が難しくなり、たとえ強豪であっても、兵役から一時帰休中の選手が偶然そろえば大勝するが、次の試合では選手が集まらずにボロ負けする、というようなことが多々あったという。本来、選手は登録したチームでしかプレーできない規則であったのが、次第に兵隊であれば任地のチームでもプレーすることが許されるようになっていった。


そんな状況のなかで全盛を誇っていたチームが、ルール工業地方の雄シャルケ０４である。１９０４年、ゲルゼンキルヘン市のシャルケ地区に創立されたことから命名されたこのクラブは、１９３３／３４シーズンから、戦争末期の１９４３／４４シーズンまで、常にガウのひとつヴェストファーレン（英名ウェストファリア）のトップとして君臨し、この間なんと6度のドイツチャンピオンに輝いていた。

そんな「向かうところ敵なし」のシャルケに敢然と立ちはだかったのは、シェーン率いるドレスデンＳＣであった。１９４０年7月21日、ドイツ選手権準決勝に駒を進めたドレスデンは、シャルケと対戦する。会場のベルリンオリンピックスタジアムには、10万人の観客がつめかけた。ゲームは一進一退の攻防を続け、延長戦でも決着がつかず3対3の引き分けに終わり、翌週の再試合となった。猛暑のなかでの熱戦により、直射日光にやられて気絶した観客も多数出たという。

現在のプロチームであれば、その後の1週間を休養と集中トレーニングにあてるのだろうが、当時のアマチュア選手には、みな職場での通常業務が待っていた。選手たちは、消耗した身体で列車に乗り、それぞれの故郷に戻るのであった。

翌週、シェーンとその仲間たちは、十分な休養もままならないまま、ふたたびベルリンまで遠征した。もっとも、相手のシャルケも条件は同じであったろう。むしろルール地方からくるシャルケのほうが、移動距離は倍以上なのだ。試合は、0対2のスコアで、ドレスデンの敗北に終わった。

翌年のシーズンには、ついに決勝に進出したのだが、またしてもシャルケを相手に0対1の苦杯を喫した。2年連続で悔しい思いをしたとはいえ、チャンピオン、シャルケと互角以上に渡り合ったドレスデンも、また大きな賞賛を受けるのであった。

戦時中の日本のプロ野球で、敵性用語である英語を廃止し、ストライクを「よし一本」、アウトを「退《ひ》け」などと言い習わしたように、このころになると、ドイツのサッカーで、英語式の用語をドイツ風の表現に変えるという事態が起こっていた。ドイツサッカー連盟（ＤＦＢ）も解体され、「国家社会主義体育協会」などという、わけのわからぬ組織に組みこまれていく。国全体が、すでに抜き差しならぬヒステリックな状態に陥っていた。ただ、それでもサッカーは続けられていた。

1943年になると、選手はもとより、物資の不足がさらに深刻な問題となる。破損したボールの代わりが見つからず試合が中止になるのも一度や二度ではなかった。ユースチームやOBチームも総動員して、どうにか必要メンバーをそろえていたクラブもあり、チーム内に30歳以上年の離れた選手がいたこともあるという。通常の3分の2の大きさのフィールドに7人の選手でオフサイドはなし……という特別ルールが真剣に議論されたという。

◎ 栄冠の象徴、女神像 ◎

ヘルムート・シェーンが所属していたドレスデンSCは、1898年創立という古い歴史をもつクラブである。

イングランド生まれのサッカーは、19世紀後半から20世紀前半にかけて、ドイツでも次第に愛好者を増やしていき、各地にサッカークラブが創設されていった。ハンブルクSVは1887年、FCバイエルン・ミュンヘンは1900年、ボルシア・ドルトムントは1909年といった具合に、現在の有名クラブのほとんどがこの時期に誕生している。

周辺地域に複数のクラブが存在すれば、当然のように対抗戦や大会が行われるようになり、それを統括する協会が必要になってくる。組織づくりに長けたドイツ人のこと、サッカーに関しても、次第に各地で協会が生まれていった。

ＤＦＢは、ちょうど世紀の変わり目にあたる１９００年に創立された。地方分権の国らしく、各地域にあるサッカー協会を、漸次その傘下におさめる形での発足であった。初期には、まだ地域や都市ごとのサッカーに対する温度差もあり、わずか数チームしか登録されていない地方協会もあったようだが、とにかくドイツ全土を統括する組織が、こうしてでき上がった。

１９０３年、第1回ドイツ全国選手権が開催された。まずは、各地でリーグ戦や地方大会を行い、それに勝利したチャンピオンチームが、さらに全国大会に駒を進めるという方式であった。１９０３年といえば、日本の明治36年にあたる。いくら当時の先進国ヨーロッパのドイツとはいえ、まだプロ制度もなく、交通事情も今とは比べようもないほど不便な時代である。地方に重点を置いたこのやり方は、地元意識の強いドイツ人気質とも相まって、まさに時宜にかなうものであったことだろう。後に、ヒトラー政権下における一時期、全国レベルでの「帝国リーグ構想」が検討されたこともあるらしいが、実現にはいたらなかった。結果として、この地方大会から勝ち抜いていくという方式は、ブンデスリーガ誕生の１９６３年まで、60年間続くことになる。

日本では、夏がくると高校野球に熱中する人が多い。甲子園を目指し、各県の地方予選から勝ち抜いていくなかで、地元を巻きこんだ熱狂ぶりが、毎年のように報道されている。そんな夏の高校野球と重ね合わせれば、郷土意識の旺盛なドイツにおける、当時のサッカー選手権のおおよそのイメージが伝わるのではないかと思う。

全国大会の優勝チームには、その栄冠の象徴として、「ヴィクトリア」と呼ばれる女神像が贈られることになっていた。この女神像の原型は、19世紀前半、当時の有名な彫刻家クリスチアン・ダニエル・ラウフがレーゲンスブルク近郊のヴァルハラ神殿のホールに飾るために製作したものである。

1900年、パリオリンピックへのドイツ選手団派遣委員会は、女神像の小型モデルをつくらせた。台座を含め1mほどの高さをもつこのミニチュア版は、当初、ラグビーの賞品として想定されていたという。ラグビーは、パリオリンピックでは公開競技として実施されていた。

その後方針が変わり、同委員会からDFBに譲られ、サッカー・ドイツ選手権の優勝チームに、「持ち回り賞」として授与されることになった。そして、この女神像がドイツチャンピオンの証として定着すると、憧れの「ヴィクトリア」をめぐる戦いは年ごとに激しさを増していった。

オリンピックの「メダル」、プロ野球の「ペナント」、高校野球の「優勝旗」、サッカーの「カップ（杯）」という具合に、それぞれのスポーツ大会でいろいろな賞品がある。現在のドイツ・ブンデスリーガの優勝チームに与えられるのは、円盤の形をした銀色の金属製シャーレ（皿）であり、まことに無骨で飾り気がない。それに比べると「女神像」とは、なんと洒落ていて、しかも「雅《みやび》」なことだろう。この像は、第2次大戦後に数奇な運命をたどることになる。

◎ ドレスデンの最期 ◎

1943年6月、ヘルムート・シェーンの所属するドレスデンSCは、ふたたびドイツ選手権決勝に進出した。過去何度も苦杯を喫した宿敵シャルケ04がすでに敗退していたこともあり、今度こそ大きなチャンスが目の前におとずれていた。ところが、時は戦時下のドイツである。サッカーだけに集中するわけにはいかない事情があった。

「明日の試合のことは、英軍にだってわかってしまうよな」

「そりゃ、そうだ。いろんな新聞に出てるからな」

「もしやつらが、低空飛行で来て機関銃で貴賓席をねらったら……。爆弾をグラウンドに落としたら……」

ドイツ選手権決勝の対FVザールブリュッケン戦を翌日に控えて、ドレスデンチーム内ではこんな物騒な会話が交わされていた。すでに、イギリスの爆撃隊はドイツ帝国領内にかなり深く入りこんでおり、サイレンが、毎夜「警報…解除…警報…解除」と鳴りひびいているありさまだった。

そんな不安な状況のもと、それでもベルリンのオリンピックスタジアムに押しかけた8万人の観衆の見守るなか、ドレスデンは3対0のスコアで、ドイツチャンピオンの座を勝ち取った。「憧れのヴィクトリア」は、ついにシエーンとドレスデンのものになったのである。

さらに、翌1944年にもドレスデンは決勝に進み、ハンブルク空軍スポーツクラブを下して2年連続の優勝を果たした。ただ、大会そのものがすでに狂気の沙汰であった。国全体が瓦礫と化し、人々が飢え、死んでいくさなかの「サッカー・ドイツ選手権」である。シエーンはいう。「あの日々、こんなことにどんな意味があったのだろう」

連合軍はノルマンディに上陸し、東ではソ連軍の猛反撃が始まっていた。それでもなお、7万人の観衆がスタジアムにきて、90分間戦争を忘れたのだという。大衆のスポーツ「サッカー」とは、ここまで根強いものなのだと思わずにはいられない。

1945年2月、連合軍の大飛行部隊が一路ドレスデンを目指していた。ソビエト軍の大部隊もオーデル川を渡ってドイツ帝国領内に進撃し、ドレスデンの東方130㎞の地点にまで到達していた。周辺地域からの難民で、63万だったドレスデンの人口は急激に増加し、100万人以上に達していたといわれる。

戦局は、いよいよドイツの不利となっており、すでにハンブルクとベルリンは空爆で破壊されていた。このような情勢下の2月13日、今度はドレスデンが大空襲に見舞われる。

その夜、シエーンは、防空班長の当番がまわってきたため家には帰れず、郊外の工場で任務についていた。10時15分過ぎ、闇のなかを照明弾が落ちてきて、空を明るく焦がした。ブンブンいう爆音にまじって、「ドレスデンの最期だ」と叫ぶ声が聞こえたという。

しばらくしてシエーンが防空壕から外へ出ると、あたりは火の海になっていた。燃えた家が崩れ落ち、道は黒焦げの死体と灰の山だった。「ドイツのフィレンツエ」とたたえられた町は、その後5日間燃え続け、死者の数は13万5千人にものぼった。この翌月の東京大空襲と並ぶ市民の犠牲を出した空襲だった。そして5月、ドイツでは戦争が終わった。

3. 終戦 ― 生きるための戦い

◎ 占領下のドレスデン ◎

戦後のドイツは、戦勝4カ国（英国、アメリカ、フランス、ソ連）に分割統治された。首都ベルリンだけは、4カ国の共同管理下に置かれたため、ひとつの都市に4つの占領区域ができてしまった。

ドレスデンはソ連占領地域に組み入れられ、シェーンは自分の意思とはまったく無関係に、社会主義の制度のなかで生きていくことになった。ソ連の占領下では、個人企業は歓迎されず、彼の勤務先の製薬会社「マダウス」は解体され、国営企業となった。スポーツクラブですらその存在を認めてもらえず、ブルジョアクラブの典型と名指しされた名門ドレスデンSCも、改組と改名を余儀なくされる。新しいクラブは、本拠地の地名をとってSGフリードリヒシュタットと名づけられた。

シェーンは、戦時下の1942年1月、長く交際していた恋人のアンネリーゼと結婚し、1944年には長男シュテファンが誕生していた。家族のためにも、とにかく手を尽くして生き延びていくしか道はない。タバコの上等品や事務服を手に入れては、肉や子供のミルクと交換した。マダウス社解体のドサクサに紛れて保管しておいたアルコールが、ソ連兵との交渉にはことに役立ったという。隠しもったアルコールから、シェーンは、家でせっせと焼酎やリキュール酒をつくった。

ドレスデンの幹線道路沿いにあるソ連軍のガソリン貯蔵所では、トラックが毎日列をつくって燃料補給している。ある日、シェーンは、その列にもぐりこみ、目の前にいたソ連兵に、こっそりと焼酎の入ったビンを見せた。その兵隊はあたりを見回し、笑ってうなずくと、ガソリンの入った缶と交換してくれた。

このような先の見えない暮らし向きのなか、シェーンは、英国占領地区のハンブルクで、友人とデパートを経営しようと考えた。医薬品を調達するという口実でソ連軍の許可をとり、車でドレスデンからベルリンを経由してハンブルクに渡った。途中のソ連占領地域内の道路標識はすべてロシア語であるうえに、地図を所持しているとスパイ容疑をかけられる恐れがある。正規の道を見つけるまでがひと苦労であった。やっとたどりついたハンブルクでは敷地を物色し、おまけに旧友のいるＦＣザンクト・パウリでサッカーの試合にまで出場した。ＦＣザンクト・パウリの仲間たちからは、そのままハンブルクに残るようしきりに説得された。これに味をしめたシエーンは、その後何回もドレスデンとハンブルクの間を行き来するようになる。ドレスデンの新聞には「自分の居場所をわきまえろ」という記事も載った。

しかし、シエーンはそんなことに頓着してはいられなかった。ちょうどそのころ、妻のアンネリーゼとの結婚生活が危機に陥っていたのだ。終戦直後の混乱期を生き抜くうえでのストレスや感情のもつれが原因で、一時は離婚騒ぎになった。３カ月ほど別居したが、シエーンが背中のリューマチで入院すると、アンネリーゼはそれを聞きつけて見舞いにやってきた。そして、やがてまたいっしょに生活するようになり、シエーンはふたたび精神の安定を取り戻すことができた。

◎ 東西分裂 ◎

いつの時代でもそうだが、為政者が名声のあるスターを放っておくはずがない。シエーンも、ＳＧフリードリヒシュタットつまり旧ドレスデンＳＣでプレイングマネージャーをしながら、同時にソ連占領地域内でのサッカー選抜チームの指導を任された。この役目は実質の「代表監督」といえるものであり、そのままおとなしくしていれば、後に国の体制やサッカー協会の組織が整った時点で、正式に東ドイツ代表監督として任命される可能性も高かったであろう。

ところが、当局との見解の相違もあってか、シェーンはさまざまな局面において、エーリヒ・ホネッカー（後の東ドイツ書記長）を長とするスポーツ委員会指導部からにらまれた。シェーンが思想教育を拒否したことも一因なのであろう。戦時中、有名サッカー選手として、ナチから入党を勧められたときにも、これを拒否しており、このあたりにシェーンの性格の一端がうかがえる。

戦後ドイツの再生について、東西陣営で共通しているのは非ナチス化という点だけだった。1945年の戦争終了時から、1949年に東西2つのドイツに分裂するまでの期間、東と西の占領地域においては大きな食い違いが見られるようになっていた。サッカーについても同じであった。

もともと、地方にベースを置いて選手権を開いていたドイツのこと。戦後も、東西を問わず、ほぼ同時期に各地でサッカーが復活していた。施設やプレーの質は不十分ながら、親善試合や大会があれば、娯楽に飢えた多くの観客が、ゲームに押しかけるようになる。それぞれの地域で雰囲気が盛り上がれば、あとは全国大会を待つだけだ。占領方針が近い西側3カ国（英・米・仏）は共同歩調をとって、全国的なドイツ選手権開催の許可を下した。一方、ソ連占領地域では、独自に東側地域に限っての「東地域選手権」が行われることになった。

西側では、戦前からの「持ち回り賞」であるヴィクトリア像（女神像）を、新チャンピオンに授与しようという機運が高まっていく。しかし、ここで問題があった。戦時中の最後の王者として女神像を保管していたのは旧ドレスデンＳＣだったのだ。その本拠地ドレスデンはソ連占領地域にあり、東側はこの像の西側への移管を拒否した。

ここから先は、あくまで推測の域を出ないのだが、東側当局にしてみれば、女神像をむざむざと差し出すのは、精神的な抵抗や面子があったであろう。また、それによって、もともと認めたくない「もうひとつのドイツ（この時点ではまだ英・米・仏の占領地域）」の存在を容認することにもなってしまうという恐れがあった。

こうして、女神像を西側に持ってこようという計画はうまくいかず、女神像もそのまま「行方知れず」となってしまった。

その後、40年以上も関係者やファンを心配させ続けたこの「女神像ヴィクトリア」は、１９９０年に東西ドイツの再統一が成った後、突如、昔のままの優雅な姿を現した。情報の公開とともに、不明だった部分が、次第に明らかになっていった。ドレスデン大空襲の際、ファンのひとりがクラブハウスから安全な場所に移したため焼失を免れたこと。戦後、東ドイツのスポーツ局の地下室に置かれ、１９８４年に東ドイツ国家アーカイブにより傷んだ部分に修復を施されたこと。そして、再統一まで、ベルリンに本部のあった東ドイツサッカー協会の会長執務室に飾られていたことなどがわかった。

現在、この女神像は、ブンデスリーガ優勝チームへの副賞として新たな役割を付与され、再びドイツサッカー史の本流のなかを生き続けている。


サッカーですら、この状態である。ましてや、政策や統治体制については、西側3カ国とソ連の間に大きな相違が目立つようになった。

1949年5月、英・米・仏の西側占領地域では「ドイツ連邦共和国基本法」が発効し、ライン河畔のボンを「仮の首都」として西ドイツが発足する。あえて「仮の」という表現を使ったのは、将来の統一を前提に、その際はふたたび首都をベルリンに戻すという可能性を見越してのことである。

一方、同年10月、東のソ連占領地域では、「ドイツ民主共和国（東ドイツ）」が建国された。ベルリンは、ソ連占領地域（東ベルリン）だけが「東ドイツの首都」として公に存在し、英・米・仏の占領地域（西ベルリン）は除くという異常事態に陥る。町を分断する「壁」はまだ構築されておらず、東西ベルリン間の行き来も比較的自由ではあったとはいえ、東ドイツ内に、西ベルリンだけが「陸の孤島」として存続することになった。こうして、ドイツは、世界中でもっとも鮮明に東西冷戦の図式を具現する「2つの国」になってしまった。

そんななか、東ドイツ政府の厳しい管理下にありながらも、ことサッカーとなると、シェーンは貪欲だった。あるときは、当局に対し、こんな大胆な申し出を行うのであった。

「お望みとあれば、コーチを養成し、レベルアップをはかりましょう。それには、まず私自身がレベルアップできるよう、チャンスを与えてください。ケルンスポーツ大学のヘルベルガーの講習に行かせてもらいたい……」

ケルンは西ドイツである。そこに行きたいというのだが、驚くべきことにこの申し出に対し許可が下り、シェーンは1949年から50年にまたがる冬場に、西ドイツでコーチ研修を受けることができた。つまるところ、東ドイツでも優秀なコーチが必要なのであった。

シェーンにとっては、代表選手時代からの旧師ヘルベルガーのもと、慣れ親しんだ環境に身を置いて、あらためて「ほんとうの居場所」を確認した思いであったろう。

◎ 騒動、追放、逃亡 ◎

そうこうするうち、とうとうサッカーの試合で、大騒動が持ち上がってしまった。

1949年9月、東ドイツ建国に数週間先立って、サッカーの「全国リーグ（オーバーリーガ）」が開始された。シェーンも50年2月に西ドイツ・ケルンのコーチ研修から戻り、チームに復帰する。

この点は案外見落とされがちだが、東ドイツでは、西ドイツのブンデスリーガより14年も早く全国統一的なリーグが創設されていたことになる。西ドイツより東ドイツのほうが国土が狭く、各地の行き来が容易であったことや、国全体の連帯感を高めるという政府の方針にかなっていたことも理由にあるのだろう。

新たな国家。新たなサッカーリーグ。その記念すべき初年度のチャンピオンは、シェーンのSGフリードリヒシュタット（旧ドレスデンSC）と、ホルヒ・ツヴィカウの争いとなり、決着は最終戦にまでもつれこんだ。勝ち点で並び、得失点差でフリードリヒシュタットがわずかにリードしているという状況下での直接対決であった。午後3時キックオフのゲームを、なるべくよい席で見ようとする前夜からの徹夜組も含め、5万人とも6万人ともいわれる観客が、決戦の場であるドレスデンのスタジアムに押し寄せていた。

地元ドレスデンのファンにとってみれば、「ドイツチャンピオン」のまま終戦を迎え、さまざまの艱難辛苦を体験した旧ドレスデンSCへの思い入れは相当なものであっただろう。これに対して、ホルヒ・ツヴィカウは、トラクターをつくっていた工場の労働者が中心となったチームであった。この工場は、後にトラバントという有名な国産車を生産するようになる。つまり、まさに典型的な東独型国営企業のチームなのであった。

そして、審判の笛は、「まるでツヴィカウを是が非でも初代チャンピオンにしたいとでも思っているかのように」鳴りひびいたのである。真相は永遠の謎だが、どこかで政治的な工作が行われたことは想像に難くない。結果をいえば、シェーン率いるSGフリードリヒシュタットは、1対5で敗れた。まだ交代の認められていない時代のこと、前半途中、ツヴィカウの選手の乱暴なプレーにより、主力選手のひとりが負傷して、そのまま退場したことが、ドレスデン側には大きな打撃となった。ラフプレーのツヴィカウ選手に対し、審判からはなんの警告もなく、その後も偏った判定が続いたという。試合後、納得しない大観衆がグラウンドになだれこみ、大騒ぎとなる。ヴァルター・ウルブリヒト（後の東ドイツ書記長）をはじめとする大物党員たちの居並ぶ貴賓席に向かって、強烈な抗議の文句をがなりたて、さながら民衆暴動のような状態であったという。

ウルブリヒトの次のようなコメントが残っている。

「国営企業のチームが優勝したことは、我々の民主的なスポーツ運動が正しい道を歩んでいることの証明である」

数日後、騒動を理由にSGフリードリヒシュタットは解散を命じられ、チームは国営タバコ企業の一部となった。当局にとって、かねてより「目の上のたんこぶ」であった旧社会の残存クラブはこうして消滅し、ソ連からは、旧ドレスデンSCの継承者を追放するようにとの指示が出された。

シェーンは、東ベルリンのスポーツ委員会に呼び出され、事情聴取を受ける。観衆にまでは政治操作の手がおよばなかったことから、彼がスケープゴートとして槍玉に挙げられたのであった。

「シェーン君。ドレスデンでの騒ぎの張本人はきみだ！　きみが観衆をそそのかしたんだ。この社会主義のスポーツ界では、いつまでも古い伝統にしがみついている輩はいらないんだ。聖霊降臨祭後に、きみの整理を考えているよ！」

こうして、圧迫を感じたシェーンは、家族とともに西側への逃亡を決意する。この1950年には、約20万人がソ連占領地域から西側へ逃げ出したといわれている。聖霊降臨祭（キリスト教のお祭り）の後という若干の時間的猶予があったのは、その時期に東ベルリンで「世界青少年の集い」という国家的プロジェクトの開催が予定されていたからである。これは、東欧ブロックの青少年組織の大イベントであり、国の首脳部は「社会主義の兄弟国」との社交に手一杯だったのだ。

この間、シェーンは周到に逃亡への準備をした。

▲シェーン監督のご子息シュテファン・シェーン博士と（2006年）

逃亡を敢行する前にもう一度単身でベルリンに行き、身の回りの品を西側の友人のもとに運びこんだ。ベルリンの名門クラブであるヘルタＢＳＣとプレイングマネージャーの交渉をし、恩師ヘルベルガーにもコンタクトをとる。ドレスデンからベルリンの駅まで家財道具を運んでくれる運送会社を手配し、そこから先は西ベルリンの運送屋に依頼した。さらに、ちゃっかりと「世界青少年の集い」への通行許可証まで入手し、降臨祭の前の週には親類や友人への別れのあいさつもすませていた。それでも、心には大きな不安が残った。

聖霊降臨祭にあたる金曜日の朝、シェーンは5時半に目を覚ました。政治的な反対分子が連行される時刻は、たいてい5時なのだという。妻と、「気づかれていない」「きっとうまくいく」とささやき合いながら、息子のシュテファンを車の後部座席に乗せ、出発した。

途中の丘から、もう一度ドレスデンの町を眺望する。眺めているとせつなくなり、涙が出てきて、長くは見ていられない。やがて、東地域から西ベルリンへ抜けるチェックポイントにたどり着いた。通行許可証を提示すると、歩哨が、にべもなく言い放った。

「ダメですね。南を迂回して入っていただかないと」

「なぜ?」

「新しい指令なのです!」

この厳しくなった仕切りの裏には、ある事実が隠されていた。数日前、「世界青少年の集い」を利用して西側に入った東ドイツの若者たちが、ショッピングをし、アメリカ映画を見て、そのまま永久に「自由に」なってしまったのである。

困ったシェーンは、一計を案じた。聖霊降臨祭の東ベルリンで、東地域選抜チームとポーランドのサッカー試合が組まれており、チームは合宿中であった。シェーンは、すでに選抜チーム監督としては用なしの身であったが、その事実は幸いにもまだ公にはなっていない。彼は人民警察に向かって切り出した。

「実は、ぼくはヘルムート・シェーンなのだが、合宿中のチームの所へ行かなくてはならないんだ。ここから突っ切ればすぐなのに、今、何キロも迂回して行くわけにはいかないんだよ」

「では、お通りください」

遮断機の棒が上げられた。アクセルを踏んで、しばらく後、シェーンと家族は西側に入って車を止めた。振り返ると、そのずっと向こうに、東側の歩哨が立っていた。

新たな人生へのスタートである。

西に移ったシェーンは、さしあたり西ベルリンに腰を落ち着けた。このころ、シェーンは現役引退を決意する。持病を抱えた左ヒザや練習不足もあり、一流のプレーは望めない状態になっていた。それでも、結局は「サッカー」をキーワードに、人生を模索するしかない。彼も、すでに30代半ばを過ぎていた。

西ドイツ中部、フランクフルトにほど近いヴィースバーデンに居を移したシェーンは、地元の小さなクラブの指導を引き受けながら、次のチャンスを待った。旧師の西ドイツ代表監督ヘルベルガーも尽力してくれる。

そうこうするうち、名門1FCケルンからの監督要請依頼が届き、それと同時に、フランス国境に近いザールラント（ザール地方）サッカー協会からのオファーも舞いこんできた。有名クラブの監督か、あるいは規模は小さくても、協会専属の指導者か……。シェーンは、後者を選んだ。人の運命は、ほんとうにわからない。このとき、ザールラントを選択したことが、後の大監督シェーンを生む、直接のきっかけとなったのである。

4.

西ドイツでの再出発

◎ 帰属をめぐるかけひき ◎

1952年、ヘルムート・シェーンは、ザールラントサッカー協会専属の指導者となった。

ザールラントとは、ドイツ南西部のフランスとの国境沿いにある地域をさす。このあたりは、もともと炭鉱と製鉄所が多く、戦争のたびに、その領有をめぐってドイツとフランスの間で議論が巻き起こり、複雑な様相を呈していた。第1次大戦後は、1919年のヴェルサイユ条約によってフランスの管理下に置かれ、後の住民投票により、ドイツへの帰属が決まった。

しかし、第2次大戦後、ふたたび同じ問題が蒸し返される。フランスは、ザールラントやライン川沿いの地域を含むドイツ南西部を占領した。そのなかで、ザールラントのフランス編入が画策され、まず通貨をこの地域だけフランに切り替えるなど独自の政策が実施された。ところが、住民の多くはドイツへの帰属を望んでいた。最終的にはドイツに帰属することになるのだが、戦後しばらくの間は混乱が続いた。

当時、フランス側から見れば、ザールラントに関しては、さしあたり3つの選択肢が想定された。

1　ザールラントのフランスへの編入
2　ザールラントの国際的な独立
3　ザールラントのドイツへの復帰

フランスの本音は、ザールラントを併合することにあり、いちばん好ましくないのは、3番目の選択肢である。そこで、とにかく、ザールラントを取りこめない場合でも、少なくともドイツから切り離すことがさしあたりの目標とされ、サッカーを含むスポーツ政策も、とりあえずは1番目と2番目の選択肢をにらみながら実施されることとなった。

一方、終戦後のドイツでは、サッカーの地域リーグ戦が、各地で息を吹き返していた。フランス占領地域の南西部も例外ではなく、占領軍の許可を得て、1945／46シーズンから、マインツ、トリアー、カイザースラウテルン、それにザールラントの主都ザールブリュッケンといった諸都市を中心に、戦前に劣らぬ活気を取り戻しつつあった。

地域リーグが再開されたこの時点で、ドイツはまだFIFA（国際サッカー連盟）への復帰を果たしていない。国際試合禁止令が解かれていないため、国内での盛り上がりとはうらはらに、ドイツのチームは、他国と交流のできない状況にあった。

ザールラントに注目すれば、ドイツ南西部リーグに所属するザールラントのチームのなかで、常に優勝争いにからむ強豪が1FCザールブリュッケンであった。戦前からの「FVザールブリュッケン」を、1945年に改組して誕生したチームである。1943年、戦中のドイツ選手権で決勝に進出し、シェーンのドレスデンSCに敗れたチームである。

ドイツのスポーツクラブでは、会員は、安い費用でサッカーをはじめとする複数のスポーツを楽しめる仕組みになっている。もちろん、会員からの年会費ですべてがまかなえるわけではなく、大きなクラブになればなるほど、別の方法での金策を考えなくてはならない。

国際試合がままならないこの時代、1FCザールブリュッケンの場合も、近隣の伝統あるドイツのクラブチームとの対戦が、たくさんの観客をひきつけ、クラブの経済を潤していた。

そんな時代背景のなか、ザールラントと1FCザールブリュッケンをめぐり、3人の人物を中心としたフランスとドイツのかけひきが始まった。

「第1の人物」は、フランス占領軍のトップ、ジルベール・グランヴァル将軍である。彼は、ザールラント政策をフランス有利に導くために画策し、サッカー部門に関しては、有力者である「第2の人物」に協力を求めていた。

その「第2の人物」とは、当時のFIFA会長ジュール・リメである。リメは、1921年から1954年までの長きにわたり、第3代FIFA会長を務め、サッカーを通じての国際交流におおいなる貢献をしたフランス人だ。「ワールドカップの生みの親」としても知られる紳士で、ワールドカップの優勝杯（ジュール・リメ杯）に、その名を冠されたほどの大物である。

FIFA会長であると同時に、フランスサッカー協会会長の地位にもあったリメは、グランヴァル将軍の意を受け、1947年4月27日、1FCザールブリュッケンとフランスのクラブチーム、ランスとの親善試合に許可を与えた。このゲームは、ザールラントとドイツが「別の国」であることを、国際的に印象づける効果があった。ドイツのチームに、国際試合は許されていなかったからだ。

さらに、占領軍（すなわちグランヴァル将軍）は、ザールラント諸チームに対し、「ドイツ南西部リーグ」から脱退するよう通告した。「ＦＩＦＡから承認を受けていないドイツとの交流はまかりならぬ。今後は、フランスおよびＦＩＦＡ加盟国とだけ試合をしなさい」というわけだ。ドイツ南西部の他の地域とザールラントの「国境」では、フランス軍による管理が厳しさを増し、行き来が制限された。

サッカーをはじめとするスポーツは、次第にこの方法でドイツから分離させられていく。あとは、ころあいを見計らって、ザールラント内にいる親フランス派の政治家や関係者を使い、フランスへの「編入」に持ち込めば、すべては大成功……というシナリオである。

ところが、１９４８年４月、スポーツ政策を統括するパリの国内スポーツ委員会は、なぜか「サッカーの編入」を拒否した。理由は定かではなく、このいきさつに関しては、当時のフランス側の事情を含め、さらに研究する必要があるだろう。想像するに、全体的な占領政策のバランスや現地の住民感情から見て、「時期尚早」と判断されたのではないだろうか。

また、これも推測の域を出ないが、もし万が一ザールラントのクラブが、いきなり優勝でもしてしまったら、古くからフランスリーグにいる他のチームの面目は丸つぶれになる。そんな感情もわいたのであろう。占領軍の思惑とは別に、早急な編入を拒否する空気が、パリには強かったのではないだろうか。本部と現場の温度差といってもいい。

とにかく、グランヴァル将軍とジュール・リメの構想は頓挫し、ザールラントにあるサッカークラブは、行き場を失った。今や彼らは、ドイツ地域リーグの所属でもなければ、フランスリーグのメンバーでもない。あとは、レベルが低く、たいした集客も見こめぬ「ザールラントリーグ」を細々と運営するしか手はない。800人もの会員を抱え、運営予算も大きい1FCザールブリュッケンの悩みは、ことに深刻だった。

そんな折、フランス2部リーグで、内部の事情により棄権するチームがひとつ出た。ここに目をつけた1FCザールブリュッケンは、フランス協会に参入を申し出る。ザールラントの他のクラブからは白い目で見られたものの、このアイディアは受理され、1FCザールブリュッケンは、1948／49シーズンをフランス2部リーグでプレーすることになった。ただし、あくまで「オブザーバーとして」という条件つきであった。リーグには参加させるが、その結果は公式には認めないという、いわば、中途半端な「仮編入」である。それでもクラブは了承した。

本音は「ドイツへの復帰」であっても、現実に即し、経済的に立ちゆかないと見るや、たとえオブザーバーとしてであれ、フランスリーグへの参入も辞さない。このあたり、組織としてのしたたかなクラブ運営を見る思いがする。

そして1年後、1948／49のシーズンが終わってみると、1FCザールブリュッケンは、なんとリーグ戦の1位になっていたのである。本来なら、翌シーズンの1部リーグ昇格が当然なのだが、オブザーバーではそれもかなわない。翌年も2部でのプレーが要求された。

そこに、大きな問題が起こった。1部リーグからアルザス地方シュトラースブルクのチームが降格してきたのだ。アルザスとザールラントは、どちらも国境沿いにあり、戦争のたびにドイツとフランスの間で領有問題が起きるという、似たような歴史をもっている。同じ境遇ならお互い親近感がわきそうなものだが、事情はそう単純ではないらしい。

アルザス地方のサッカー関係者には、ヒトラー時代の記憶がまざまざと残っていた。1935年、ザールラント（当時フランス領）は、ナチスに賛意を示し、住民投票の結果ドイツと合併した。1940年には、アルザスも同じ運命をたどることになる。ただし、ザールラントとは異なり、嫌々ながらの併合だ。似た境遇にありながら、ザールラントとアルザスのドイツやフランスに対する思いは、まったく異なるのであった。アルザスは、強硬に反対した。

「あいつらはドイツだ。なぜ、オレたちのフランスリーグに、ドイツのチームがいるのか？」

こうした騒動になってみれば、もともとフランスへの編入に反対する会員の多かったザールラントサッカー協会のこと。この機会をうまくとらえて、1949年7月、会員投票によりドイツ地域リーグへの復帰を決定した。

逆に、1FCザールブリュッケンに対して、翌年のフランス2部リーグへの出場を許可していたジュール・リメは、フランス国内で窮地に立たされた。これが尾を引いて、次のフランスサッカー協会会長選挙では、落選する破目になる。


このような成り行きを、冷静に見守る「第3の人物」がいた。新進気鋭のザールラントサッカー協会青年部長（1950年5月より会長）ヘルマン・ノイベルガー（1919―92）で、時に30歳という若さである。ノイベルガーは、後にDFB会長やFIFA副会長としても辣腕をふるうことになる、いわば「やり手」の人物だ。

ザールラントに生まれ育った彼は、兵隊として前線でイギリス軍捕虜となって終戦を迎えた。故郷に戻ると、スポーツ新聞の記者をしながら、1FCザールブリュッケンの理事を務めた。彼は、ドイツ復帰を望むザールラントの住民感情を熟知しており、フランス側の政策が失敗に終わることも、計算ずみであったのだろう。その際、すぐにドイツへ復帰することはできないとしても、そのプロセスとして、ザールラントを一時的にサッカー界で「独立」させ、フランスから切り離しておくのは得策である。彼は、周囲とはかって、ここぞとばかりにFIFA加盟の申請手続きをした。

さらに、複雑な、だからこそ面白いことに、時のFIFA会長は、すでに述べたようにジュール・

リメである。リメにしてみれば、ザールラントをフランスに編入する案はうまく進んでいないものの、2番目の選択肢である「独立国」にしてしまえば、少なくともドイツからの切り離しには成功したことになる。まったく正反対のリメとノイベルガーの思惑が、意外な形で一致した。かくして、1950年6月、申請はFIFAに受理され、ザールラントはサッカーの世界では、フランスでもなくドイツでもない、紛れもなくひとつの独立した「国」として認められたのである。ほどなくして、西ドイツのFIFA復帰も承認された。

独立という点においては、これに先立つ1950年5月、国際オリンピック委員会（IOC）総会でもザールラントは、単独に独立した「国」として承認され、1952年ヘルシンキオリンピックには、ザールラント独自に選手団を派遣することになる。

シェーンが、ノイベルガーに誘われ、「小国」といえども1国の「代表監督」を任されるようになった背景には、このような混乱の時代が存在していたのである。選手時代、「将来、どんな職業につくとも、監督だけはやりたくない」と考えていたシェーンだが、運命の導きであろうか、結局はその世界に足を踏み入れることになってしまった。こうして、彼の人生の後半戦が幕を開けた。

◎ 師弟対決 ◎

ザールラント代表監督としての最初の大仕事は、1954年ワールドカップ・スイス大会の予選であった。ところが、あろうことか、ザールラントは、ノルウェー、そして西ドイツと同じグループに配属されてしまった。シェーンは、かつて選手時代に教えを受け、その後も公私ともに世話になっている西ドイツ代表監督ゼップ・ヘルベルガー（1897－77）と直接対決することになった。

一見、運命的な偶然に思えるこの組み分けの裏に、実は、FIFA会長ジュール・リメおよびフランス側の意図が隠されていた。西ドイツとザールラントを同じグループに置けば、両者がそれぞれ別の国であることを、より鮮明に印象づけることができる。

リメの回想録（『ワールドカップの回想』ベースボール・マガジン社）には、このスイス大会予選の組み分けについて、次のような記述が見られる。

「各チームをグループに分けるのは、あらゆる点を考慮してやらなければならない微妙な作業で、組織委員会により、1953年2月14日、15両日に行われた」

つまり、「抽選」については、ひと言も触れられておらず、現在のように明快なクジ引きで決められたかどうかは不明なのである。

政治的な〝かけひき〟はともかくとして、試合の結果からいえば、ノルウェーには勝ったものの西ドイツには接戦の末敗退し、ザールラントのワールドカップ出場はならなかった。それでも、母国を苦しめたシェーンの采配は、高く評価された。

このときの両チームの選手たちを詳しく眺めると面白いことに気づく。ヘルベルガーは、代表チーム主将フリッツ・ヴァルターの所属する1FCカイザースラウテルンの選手を中心に、西ドイツ代表を選抜していた。ヴァルターは、戦前からヘルベルガーが手塩にかけて育ててきた選手で、「監督の右腕」とも呼ばれる名手である。1FCカイザースラウテルンは、1948年から55年の間に5回、ドイツ選手権決勝に進出したほどの名チームであり、このとき全盛を迎えていた。

一方、シェーンは、1FCザールブリュッケンを核として、チームを形成した。ザールブリュッケンとカイザースラウテルンは、いずれも「ドイツ南西部リーグ」に所属している。つまり、監督は師弟、また選手もふだんから好敵手として戦い、お互い手の内を知っている者同士が、予選で相対したわけである。「試合が終わってほっとした」というヘルベルガーの談話が、関係者の気持ちを代弁しているであろう。

西ドイツとの最終予選の日、1954年3月28日は、奇しくもヘルベルガー57歳の誕生日だった。試合後の親睦パーティで、シェーンは恩師に向かってこうスピーチした。

「ザールラントには、もうチャンスがなくなりました。ぜひ、ドイツチームが世界チャンピオンになってください！」

3カ月後の1954年7月4日。西ドイツは、絶対の優勝候補といわれたハンガリーを、決勝で3

対2と破り、ほんとうにワールドカップに優勝してしまった。この勝利は、戦争での敗戦に打ちひしがれていたドイツ国民にふたたび生きる勇気を与えたとされ、今なお「ベルンの奇蹟」として語り継がれている。

この大会には面白いエピソードがある。西ドイツは、1次リーグで、すでにハンガリーと対戦し3対8と大敗していた。決勝戦を控えて、ハンガリーのマスコミが、ヘルベルガーを訪れ、こう質問した。

「監督、1次リーグで我々ハンガリーは大勝しています。ドイツに勝ち目はあると思いますか?」

ヘルベルガーは答える。

「もし、決勝当日が晴れになれば、優勝はハンガリーだ。……でも、もし万が一、雨になれば、我々ドイツにもチャンスはある」

ヘルベルガーの自信には、それなりの裏づけがあった。主将のフリッツ・ヴァルターは、雨に濡れた芝生のグラウンドが大好きな選手であった。今でも、ドイツサッカー界では、雨の天候を「フリッツ・ヴァルターの天気」と呼ぶほどである。

もうひとつのヘルベルガーの秘密兵器は、靴職人アドルフ(愛称アディ)・ダスラーの考案した「ポイントねじこみ式スパイク」であった。それまでのスパイクは、靴底に木片や皮のポイントを直接クギで打ちつけていたため、臨機応変の処置ができなかった。ダスラーは、この点に着目し、当日のグラウンド状態に応じて即座にポイントを交換できるよう、ねじこみ式にしたのである。これにより、彼の創始した「アディダス」社は、世界的なメーカーに発展していくことになる。

決戦当日。スイスの首都ベルンのヴァンクドルフ競技場。天候は、雨。地力に勝るハンガリーは、試合開始直後に猛攻をかけ、前半8分で2点を挙げてしまう。ここからドイツの反撃が始まり、前半終了時には2対2の同点。そして、後半39分。ヘルムート・ラーンの決勝点で、3対2と勝ち越し、そのまま逃げ切った。ドイツ、ワールドカップ初優勝。

当時を知る年配のドイツ人に話を聞くと、みんな今でも、「あのときは声を上げて泣きました！」と、感激を語ってくれる。すべてのドイツ国民の心に深く根ざす大勝利であったといえよう。ハンガリーのゴールキーパー、グロシチは、後にこう語った。

「(スパイクの) 差は、後半になると、いっそう明らかになった。ハンガリー選手が、滑って転んでいるのに対して、ドイツ選手は地面をとらえ、安定したプレーを見せていた」

表彰式。優勝した西ドイツを代表して、主将のフリッツ・ヴァルターが歩み出る。彼の手に「ジュール・リメ杯」を授与したのは、ほかならぬＦＩＦＡ会長のリメその人であった。すでに80歳を過ぎていたリメは、これを最後に会長の座を退いた。

１９５５年、ザールラントではドイツへの帰属をめぐって住民投票が行われ、その結果、１９５７年１月より正式にドイツに復帰することが決定した。ザールラントは、ドイツ連邦共和国（西ドイツ）

の1州になった。また、ザールラントサッカー協会も、DFBの下部組織である1地方協会となった。シェーンも、DFBのコーチとして、ヘルベルガーのもとで働くことが決まった。そして、1958年スウェーデン大会（4位）、1962年チリ大会（ベスト8）と、2回のワールドカップをアシスタントコーチとして体験した後、1964年、ついにヘルベルガーの跡を継いで西ドイツ代表監督に就任するのである。目指すは、2年後の1966年にサッカーの母国イングランドで行われる第8回ワールドカップ。シェーン自身の栄光とドイツサッカーの黄金時代が、いよいよ始まろうとしていた。

◎ 代表監督人事 ◎

ところで、ドイツ代表監督がどのように選ばれるのかは、興味をひく点である。内部の事情を詳しく知っているわけではないが、DFBに人事委員会が設けられ、そこでの議論を経て決定が下される、と考えるのが普通であろう。ただ、その際に、具体的な候補者の選出に関しては、DFB会長や連盟内の実力者、それにもちろん前任者の意見が大きくものをいうであろうことも、想像に難くない。

1936年から30年近く代表監督の座にあったヘルベルガーには、大勢の弟子がおり、当然、そのなかから適任者を探すのが順当な道である。では、ヘルベルガーの意中の人物は誰であったのか……。

1973年に出版されたヘルベルガーの著書『サッカー・ワールドカップ』(Fußball - WM, Römer 社刊)に掲載されている彼の手記を見ると、そのあたりの事情がはっきりとわかって、非常に興味深い。候補者は4人いた。

第1候補は、フリッツ・ヴァルター(1920―2002)だ。ヘルベルガーとヴァルターは、厚い信頼関係で結ばれていた。戦後のドイツサッカー再建のため、ともに手を携えて尽くしてきたといっても過言ではない。ヴァルターは、チームのキャプテンというだけでなく、事実上、ヘルベルガーの助手として、1954年のワールドカップ優勝をドイツにもたらした最大の功労者だ。ヘルベルガーにとっては、自らの引退後に代表チームを託せる人物として、真っ先に思い浮かんだことであろう。ところが、繊細な性格で知られるヴァルターは、これを固辞した。彼には、長い間、選手として監督を見てきた経験上、その重責が、わかりすぎるほどわかっていたのだ。

第2候補は、ヘネス・ヴァイスヴァイラー(1919―83)である。彼は、ケガで早く現役を退いた後、ヘルベルガーの意を受けて、1954年以降ケルンスポーツ大学で「指導者養成コース」の主任を務めていた。と、同時に、近隣のクラブチーム、ボルシア・メンヘングラットバッハ(ボルシアMG)の監督を引き受け、素晴らしい成果を挙げていた。大学で教えるより、一流クラブのほうが、経済的にははるかに恵まれている。

1960年代後半には、スポーツ大学主任の座も辞して、クラブ監督に専念するようになる。ボルシアMG、バルセロナ、1FCケルン、ニューヨーク・コスモス等といった、当時の一流チームの監督を歴任して実績を残した。1FCケルンの監督を務めていた1970年代後半、奥寺康彦の素質を見抜き、日本人初のプロ選手として契約したのもヴァイスヴァイラーであった。

第3候補は、日本でも有名なデトマール・クラマー（1925―）だ。戦後すぐに、西ドイツ西部地区の主任指導者となった彼は、新しい才能の発掘には非常に鋭い目をもっていた。ヘルベルガーは、ユースチームや、後進の指導をクラマーに任せた。また、クラマーはテレビの仕事も引き受け、さらにヘルベルガーの推薦によってFIFAの世界巡回コーチもこなすことになる。1960年代に日本代表の指導も引き受けて、メキシコ五輪銅メダルに導いた功績は、いわずもがなである。

そして、第4候補として名の挙がるのが、ヘルムート・シェーン（1915―96）ということになる。ヘルベルガーは、こう述べている。

「1956年に助手となって以来、その後の8年間、シェーンは、私のもっとも身近な同僚だった。そのため、私はDFBに対し、素直に、後任の『意中の人物』として彼を推薦した。……その後の成績を見れば、私の選択が正しかったことが証明されるだろう」

ヘルベルガーにとって、フリッツ・ヴァルターを除く3人は、すべて横一線であったように思う。シェーンについては、“last not least”（4番目に名前を挙げているが、最後ではあっても、決して劣っているわけではない）と、英語の言い回しを引いて語っている。

客観的に見ても、この4人の候補者のなかで、「代表監督経験」のいちばん豊富なのがシェーンである。組織が固まっていなかったとはいえ、「ソ連地区選抜監督」は、実質の「東ドイツ代表監督」であり、また小規模ながら、「独立国ザールラント」での経験もある。いわば、西ドイツ代表監督就任の前に、すでに十分な「模擬テスト」を受け、モデルケースを体験していたことになる。さらにもうひとつ、次第にＤＦＢ内での発言力を強めていた「ザールラントの盟友」ノイベルガーの強力な後押しがあったであろうことも、容易に察しがつく。

こうして、新スタッフは、代表監督にヘルムート・シェーン、アシスタントコーチにデトマール・クラマーと決定した。

第2章

1966年ワールドカップ・イングランド大会

◆西ドイツ監督シェーン（右）と
イングランド監督ラムゼー（左）

1. ラムゼー対シェーン

◎ 強敵スウェーデン ◎

1966年ワールドカップ・イングランド大会への予選は、1964年11月に始まった。西ドイツは、スウェーデン、キプロスと同じグループに配属された。初戦はベルリンでのスウェーデン戦だった。新監督ヘルムート・シェーンのもとでのワールドカップ予選。ホームゲーム。ファンの注目は、いやがうえにも高まっていく。

最初の記者会見では、こんな質問が飛んだ。

「あなたは、ヘルベルガーと同じようになさるおつもりですか?」

「コピーは、オリジナルより質が悪いものと相場が決まっています。ですから、私はコピーではよくないと思っています」

「ヘルベルガーにアドバイスを求めますか?」

「彼の経験を活用し、ある局面ではアドバイスを求めることもしなければ、賢いとはいえないでしょう」

ソツのない軽妙なインタビュー。評判は上々だった。

ところが、ドイツの地元ベルリンでのスウェーデン戦は、先制しながらも同点に追いつかれ、そのまま1対1で引き分けてしまった。この予選グループでは、キプロスは弱くて問題にならず、事実上、西ドイツとスウェーデンの一騎打ちになると見られていた。地元での引き分けは、敗戦にも等しい。あとは敵地に乗りこんで勝利するしかない。しかし、ドイツは、1911年以来スウェーデン本国で勝ったためしがないのである。

「何か手を打たなくては……」

シェーンは、1965年9月にスウェーデンの首都ストックホルムで行われる決戦に向けて準備を開始した。練習試合を組み、メンバーを入れ替え、さまざまな布陣を試してみる。だが、さしたる効果が見られない。そこへ、衝撃的なニュースが飛びこんできた。

「ウーヴェ・ゼーラー負傷！　アキレス腱切断！」

決戦を7カ月後に控えた1965年2月のことであった。

ウーヴェ・ゼーラーは、「ドイツ魂の権化」ともいえる選手である。ハンブルクのサッカー一家に育ち、父親のエルヴィン、兄のディーターも名選手であった。1936年生まれのゼーラーは、10代から地元のハンブルクＳＶで頭角を現していた。17歳で早くもドイツ代表に選ばれ、１９５８年、１９６２年と、２回のワールドカップを経験した。常にフェアで全力を尽くすプレーぶりは、ファンから絶大な支持を受け、その明るい性格ともあいまって「ウンス・ウーヴェ（Uns Uwe, 我らがウーヴェ）」と親しまれていた。当時のワールドカップや国際試合で、ドイツ人サポーターが「ドイチュラント！　ドイチュラント！」という掛け声と並んで、「ウーヴェ、ウーヴェ！」と彼の名を連呼して応援したのは有名なエピソードである。

１９６６年のワールドカップに向けて、このゼーラーを中心にチームづくりを進めてきたシェーンであった。それが……。新監督の計画は、すべて水泡に帰してしまうのか。チームの精神的支柱であるゼーラーを欠いて、アウェイでスウェーデンを破るこ

▲「ドイツ魂の権化」ウーヴェ・ゼーラーと

とができるのだろうか。

ドイツはそれまでのワールドカップで予選落ちしたことはない。もし……、万が一……そう考えるだけで、シェーンは針のムシロに座ったような心境であった。自伝にはこう書かれている。

「私はもちろん死ぬほどのショックを受けた。ウーヴェのいない代表チームなど考えられない。……スウェーデンでの第2戦を控えたあのころ、何週間、何カ月間にわたって、ウーヴェの再起だけを願っていた。回復と復調をじっと見守っていた。……本人とも何度も電話で話をした。……私には、自分の運命がウーヴェ・ゼーラーのそれとひとつであるように思われた」

ゼーラーも、その著書『ありがとう、サッカー!』(Danke, Fußball!, Rowohlt 社刊)で、シェーンの言葉を裏書きしている。

「ヘルムート・シェーン監督は、3日おきに電話してきて、私の状態を尋ねた。……私が、8月3日に若手チームとの試合でカムバックを考えていることを伝えると、彼の声が変わった。はるかに朗らかな調子になった」

シェーンは、ゼーラーにこう打ち明けた。

「ひとつアイディアがあるんだ。ミュンヘンに、フランツ・ベッケンバウアーという名の若いのがいる。20歳だが、テクニックは素晴らしい。ストックホルムに連れていこうと思うが、……ウーヴェ、きみはキャプテンとして、どう思うかね？」

「シェーンさん、ボスはあなたです。みんな、がんばります！　私も復帰します。そのベッケンバウアーとかいうのを連れていきましょう」

ゼーラーの代表復帰戦。そしてベッケンバウアーのデビュー戦。シェーンにとっては、2つの大きな賭けであった。

1965年、9月26日。ストックホルムのドイツ宿舎に、1954年ワールドカップの英雄フリッツ・ヴァルターが姿を現した。彼は、若いベッケンバウアーを連れ出すと、父親のような調子で語りかけた。

「ぼくがきみぐらいのとき、やはりチームのみんなが、気にかけてくれたものだ。……覚えておくといい。予選がうまくいかなかったら、そりゃあ不運なことさ。でも、だからといって、この世が終わるわけでもない」

すると、ベッケンバウアーは、バイエルン訛りでこういった。「やれると思います」

そして……ドイツチームは、やったのである。前半終了間際の44分、スウェーデンに先制を許したが、その直後45分に同点に追いつく。後半10分、センタリングが上がり、スウェーデン守備陣が取りそこなう。そこに足を伸ばしたのが、「我らがウーヴェ」だ。

2対1。ゼーラーはいう。

「これは、ケガから治ったばかりのオレを、こんな大事な試合に起用してくれたシェーン監督への恩返しのゴールだ！」と。

こうしてシェーンは、ドイツ代表監督として、イングランド大会に向け、最初の難関を突破したのである。新聞には、次のような見出しが載っていた。

「ベッケンバウアーは、ドイツサッカーの未来の夢である」

◎ サッカーの母国イングランドの誇り ◎

新監督ヘルムート・シェーンのもと、西ドイツは、1966年にイングランドで開催される第8回ワールドカップ大会に向けて、精力的に国際試合を消化していった。1964年11月の監督就任時から、66年6月のワールドカップ本大会開幕前まで、スウェーデン、キプロスとの予選4試合（ホーム・アンド・アウェイ）を含め、シェーンのチームは計17試合を戦い、11勝2敗4分け。得点35、失点8の堂々たる成績だ。2つの敗戦はいずれもアルフ・ラムゼー監督の率いるイングランドとの親善試合であった。

イングランドは、サッカーの母国である。日本語のイギリスという言葉自体が、もともとイングリッシュ（English）に由来することからもわかるように、日本では「英国、イギリス、イングランド」はすべて同等に理解されがちだ。ところが、英国内の事情はおおいに異なっている。

民族的な相違もあり、地域によってイングランド、スコットランド、ウェールズ、北アイルランドに大別されるのである。サッカーの世界では、これらは4つの「国」として、それぞれ独立している。イングランドは英国（イギリス）の一部ではあっても、英国そのものではない。ことに、歴史を振り返ってみると、征服者と被征服者という関係もあって、スコットランド、ウェールズ、北アイルランドは、イングランドに対して強いライバル意識をもっている。

足でボールを扱う遊びは、古くから世界中に存在していたが、スポーツとしてのサッカーのルールが定まったのは、１８６３年ロンドン（つまりイングランド）においてであり、同年10月26日、サッカー協会（Football Association）が設立された。世界で初めてのサッカー協会であるから、国の名は冠されていない。今でもThe FA（以下ＦＡ）といえば、イングランドサッカー協会をさす。

このスポーツは、すぐ英国全土に広まり、１８７３年には宿敵スコットランドにもサッカー協会が設立される。その後、１８７６年ウェールズサッカー協会、１８８０年アイルランドサッカー協会と続いた。これらの英国系4協会は、１８８３年から「ホームインターナショナルズ」と呼ばれる世界最古のサッカー選手権を開催する。毎年シーズンの締めくくりに行われてきたこの大会は、１００年間続いたのだが、１９８３／８４シーズンをもって終了した。イングランドとスコットランドが過密日程を理由に、参加に消極的になったためだといわれている。

それはともかくとして、ヴィクトリア女王の治世、世界中に植民地をもっていた大英帝国である。英国人の行き来するところ、必ずその習慣や生活スタイルがついてまわる。かくしてサッカーは、ヨーロッパ各国、ブラジルやウルグアイをはじめとする南米、そして日本や韓国といったアジア諸国に伝わっていったのである。当初は、イングランドを手本にしていた諸外国も、次第にそれぞれの国民性に合ったプレースタイルを発見し、サッカーは独自の発展を見せていく。


ヨーロッパ大陸では、国の枠を超えてサッカーを統括する組織の必要性が叫ばれはじめ、ベルギー、スイス、フランス、デンマーク、オランダなどが中心となって、1904年にFIFA（国際サッカー連盟）を創立した。「母国」を自認する英国は、当初は渋っていたが、翌1905年に加入した。1910年以降、スコットランド・ウェールズ・アイルランドといった、英国内のほかの「国」も、本来の「1国1協会」という規約に反して加盟を認められた。FIFAにしてみれば、「本家」を仲間にひきとどめておくために、多少のわがままを許したというところであろうか。

ただし、その後も英国とその他の国々との意見の食い違いが多々あり、1928年を最後に、英国系4協会はそろってFIFAを脱退した。この4協会は、ふだんはライバルでも、こういうときにはよいチームワークを見せる。第三者にはわからない愛憎があるのだろう。彼らがFIFAに復帰するのは第2次大戦後ということになる。

当然のことながら、1930年にウルグアイで開催された第1回から、1934年第2回イタリア大会、1938年第3回フランス大会までの3度のワールドカップに、英国の4協会は参加していない。ただし、FIFAは、その間も、加盟国が英国と対外試合をすることを妨げてはいなかった。「母国」には、それだけの実力と権威があり、英国も当然、そう考えていたはずだ。この点は、日本が柔道にたいして抱いている、ある種の「誇り」や「美学」に通じるものがある。

その誇り高き英国で、長い間、守られていた無敗神話があった。「イングランドは、ホームで外国のチーム（英国系3協会は除く）に敗れたことはない！」という神話である。それまで、ロンドンでイングランドと対戦した国は、いずれも大差で敗れていた。1923年のベルギー（1対6）しかり、1931年のスペイン（1対7）しかり。僅差の勝負をしたのは、1932年のオーストリアだった。スコアは3対4。華麗なテクニックを身上とする「ウィーン派」の選手たちは、ロンドン特有の荒れたグラウンド状態にてこずり、ようやくピッチに慣れた後半に追い上げを見せたのだが、遅かった。ちなみに、ウィーンでのリベンジ戦では、オーストリアが勝っている。

やがて、オーストリアはヒトラーのドイツに併合され、激動の時代を迎える。イングランドの神話の崩壊は、ひとまず第2次大戦後に持ち越された。

１９５３年11月25日。ついに、このホーム無敗神話の終わる日がきた。相手は「マジック・マジャール（魔法のマジャール人たち）」と呼ばれたハンガリーである。スコアは6対3。ヨーロッパ大陸のチームは、初めて「サッカーの母国」を、そのホームで完膚なきまでにたたきのめしたのである。イングランドに、いや英国全土にショックが広がった。

１９６４年東京オリンピックの柔道・無差別級で、日本の神永昭夫が、オランダのアントン・ヘーシンクに敗れたときと同じような、あるいはそれ以上の衝撃だったのではないだろうか。

「日本の柔道（神永が、ではない！）が、外国に負けた。しかも武道館で」

「イングランドが、サッカーで外国に負けた。しかもウェンブリースタジアムで……」

◎ アルフ・ラムゼー　名誉回復のために選ばれた男 ◎

このハンガリーとのゲームで、イングランドの1点をペナルティキックで決めたバックスの選手がいた。アルフ・ラムゼー。１９５０年代にロンドンの名門チーム、トッテナム・ホットスパーの中心として活躍した。イングランド代表としても通算32試合に出場し3ゴールを挙げている。奇しくも、このハンガリーとの試合が、彼の最後の代表試合であった。

現役引退後、指導者に転じたラムゼーは、3部リーグにいた地方のクラブであるイプスウィッチ・タウンの監督となり、チームを2部、1部と引き上げ、さらには、その昇格した年にいきなり1部リーグ（現在のプレミア・リーグ）優勝に導いてしまった。１９６２年のことである。イプスウィッチ・タウンは、１８８７年創立と歴史は古いものの、いつも2〜3部リーグあたりをウロウロしているチームだった。そんな弱小クラブが、突然トップの栄光をつかんだのである。

ＦＡは、ラムゼーの指導者としての資質とその功績を認め、彼をイングランドの代表監督に指名した。１９６６年地元開催のワールドカップは、３年後に迫っていた。


信じがたいことであるが、サッカーの母国イングランドでは、長い間、代表監督が存在していなかった。創立以来、ＦＡの「代表選手選考委員会（The team selection committee）」が、すべてを取り仕切っていた。代表監督を個人に定めるようになったのは、第2次大戦後の１９４６年のことであった。ただし、それでも選手の選考は委員会が行っていた。初代監督は、ウォルター・ウィンターボトム。後にサッカー界での功労により、〝サー（Sir）〟の称号を受けた人物である。

ウィンターボトム監督のもと、初めて参加した１９５０年の第４回ワールドカップ・ブラジル大会で、イングランドはとんでもない失態を演じてしまった。０対１でアメリカに敗れたのだ。史上最大の番狂わせのひとつといわれている。それでも、これはまだアメリカのフロック勝ちとしてすまされた。「イングランドだって、たまには負けるさ」というわけである。

そして、１９５３年運命のハンガリー戦を迎える。ホームのロンドンで3対6と完敗。リベンジを誓って臨んだブダペストのアウェイ戦では、なんと1対7と手も足も出なかった。その後、1954年第5回ワールドカップ・スイス大会では、準々決勝でウルグアイに敗退。このときの優勝は西ドイツで、後世に「ベルンの奇蹟」と語り継がれる勝利である。2位ハンガリー、3位オーストリア。すべてヨーロッパ中央部の国が上位を独占した。

1958年、第6回のスウェーデン大会では、1次リーグでブラジル、ソ連と同じグループになり、ここで敗退。1962年第7回チリ大会も、準々決勝でふたたびブラジルに敗れる。4回出場しながら、一度もこれといった成績をおさめていない。

「母国」としては、このままでは終わるわけにはいかない。1966年の地元開催のワールドカップでは、意地と名誉にかけても負けるわけにはいかないという気運が当然高まった。

実際、チーム組織としてのイングランド代表は、たとえば西ドイツと比べるとはるかに遅れていた。1962年ワールドカップでは、チーム付きの医者さえもいなかったという。ドイツは、優勝した1954年のスイス大会でさえ、すでに医師フランツ・ローガン、マッサージ師エーリヒ・ドイザー、靴職人アドルフ・ダスラーと、監督のほかにもそれぞれ一流の専門スタッフをそろえていた。

ラムゼーが名誉あるイングランド代表監督に就任した当時の状況は、このようなものであった。それでもラムゼーは、就任早々こうぶちあげた。「イングランドは、1966年ワールドカップに優勝する!」。ファンは仰天し、そしておおいによろこんだ。

ラムゼーは、当時ロンドンのランカスターゲートにあったFA(現在は移転している)に1室をあてがわれた。最初の部屋は、「4階にあり、大きな戸棚よりちょっと広い程度」「後に1階に移ったが、大部屋に仕切りをつけ、テーブルがひとつと椅子が2つ。普通のクラブチームの監督であったら、カバン置きにでもするような空間」であったという。いかに代表監督という仕事がFA内で重きを置かれていなかったかが想像できる。

とはいえ、FA自体が、そもそもそれほどの大邸宅に本拠をかまえていたわけではない。私は、1997年にランカスターゲートを訪ねてみたが、ロンドンのごくありふれた住居の一画に、さり

▲ロンドンのランカスターゲートにあったFA(1997年)

げなく本部があった。非常にシンプルで、「世界でもっとも古いサッカー協会」というようないかめしさは何も感じなかった。建物の外見の印象からいえば、保険会社の地方支店といった趣である。表札も地味で、3頭のライオンを描いたイングランドサッカー協会の旗が入口に掲げられていなかったら、見つけ出すのに苦労しただろうと思う。

ここの小さな執務室が、イングランド代表監督としてのアルフ・ラムゼーのスタート地点になった。彼は、委員会に頼らず、独自に選手選考を行った。

◎ 試行錯誤の人選 ◎

一方、西ドイツでも、新任の監督ヘルムート・シェーンは、初めて采配をふるうワールドカップに向け、ドイツ中西部ヴィースバーデンの自宅で慎重に人選を進めていた。

机に向かい、メガネをかけ、カードを前にして、想像のなかでチームに試合をさせてみる。紙切れに名前を書きこむ。ここ最近の代表試合に出た選手は誰か。個々のチームで最近特に際立っていた選手は誰か。ゴールキーパー。守備陣。中盤。攻撃陣。各ポジションには、できる限り2人以上の選手を配置する。複数のポジションをこなせる選手には、赤い線をひく。ワールドカップでは、コンバート可能な選手は特に貴重なのである。

その後、最新情報をチェックしなくてはならない。選手やクラブの監督と電話で話し、ケガをした選手を訪問する。レギュラーをあまりに早く固定するのは無意味だ。ケガやその他の事情で、計画が狂うかもしれないからである。何人もつけ加えたり、また何人も削ったり……といった作業が続く。ヘルベルガー時代の名選手でも、すでに峠を越えていれば、厳しく評価せざるを得ない。時にはつらい決定を下すこともある。

イタリア(後にはスペインも)で活躍する「外人部隊」には、さらに慎重な対処が必要だ。国内にいる選手のように、ふだんから観察できるわけではなく、体調や精神面のコンディションも推しはかれない。

また、彼らの所属する外国のクラブにお伺いを立てる必要もある。選手の「貸し出し」には、すべてのクラブ会長が必ずしも好意的ではない。「投資した選手は、当然わがクラブのために働いてもらわなければならない」というわけだ。クラブの責任者にとっては、ドイツ代表チームなど、どうでもいいのである。

前任者の「偉大なる」ゼップ・ヘルベルガーやアシスタントコーチのデトマール・クラマーという理論派も、もちろん補佐してくれるのだが、時として監督以上に目立つことがある。大柄な身体とはうらはらに繊細な神経の持ち主であるシェーンには、これが必要以上のプレッシャーになった。

西ドイツを率いるシェーンとイングランドを指揮するラムゼー、ほぼ同じ時期に監督に就任した2人は、その後のおよそ10年間、それぞれのサッカー大国を率いて、ワールドカップやヨーロッパ選手権で熱い戦いを繰り広げることになる。ドイツ対イングランドが、「伝統の一戦」と呼ばれる所以である。

2. 1966年ワールドカップ決勝への道のり

◎ 快調なすべりだし ◎

第8回ワールドカップ・イングランド大会は、1966年7月11日に開幕した。世界の予選を勝ち抜いた14カ国に、前回優勝国ブラジルと開催国イングランドを加えた16カ国が出場している。オリンピックのような華やかな開会式はなく、参加チームのユニフォームを着た子供たちが、それぞれの国の旗とプラカードを掲げて入場行進する。

エリザベス女王の開会宣言。かたわらのFIFA会長スタンリー・ラウスも誇らしげだ。英国人の彼は、審判員として長くサッカーに関わり、現在広く行われている「対角線式審判法」を考案した人物である。1961年からFIFA会長を務めていた。

大会の焦点は、「1958年、1962年の2大会を連続して制したブラジルの3連覇がなるか否か」、そして、「地元イングランドは、どの程度戦えるのか」に集まっていた。欧州と南米の交流が、だんだん盛んになり、互いのライバル意識も過熱している。

簡単なセレモニーが終わると、そのまま試合開始。「初戦は開催国」という伝統に従い、イングランドが登場する。相手は過去2度の優勝を誇る南米の雄ウルグアイだ。最初から欧州対南米の対決である。開幕試合独特の緊張もあってか、0対0の引き分けに終わった。

1次リーグの西ドイツは、スイス、アルゼンチン、スペインと同じ組に配属されていた。いずれもサッカー界では名の通った国だ。もっとも、16チームしか出場できなかったこの時代のワールドカップ本大会は、参加国すべてが強豪国であった。32チームが出場できる現在と照らし合わせてみれば、納得がいくであろう。当時は、1次リーグからすでに、今のベスト16と同じレベルなのである。

西ドイツは、幸先のいいスタートを切った。スイスに5対0。フランツ・ベッケンバウアーは、いきなり2得点を挙げる大活躍だ。中盤を受け持つのはベッケンバウアーのほか、ヘルムート・ハラー、ヴォルフガング・オヴェラート。ハラーやオヴェラートは、主将のウーヴェ・ゼーラーとともに、ヘルベルガーの時代から代表を務める選手たちである。

なかでも、ハラーは、当時としてはユニークな経歴をもっていた。60年代のドイツを代表する選手のひとりであった彼は、1939年、ドイツ南部のアウグスブルクに生まれた。ここは、世界史の「宗教和議（1555年）」で有名な町である。10歳のときから13年間、地元のFCアウグスブルクでプレーし、1962年からイタリアのFCボローニャに移籍した。ドイツ人選手が外国に移籍するのはまだめずらしい時代であり、「外人部隊」のはしりといえる。後にはユベントスに移り、そこでも大活躍した。1966年の西ドイツ代表では、ハラーも含め、カール・ハインツ・シュネリンガー、アルベルト・ブリュルスと計3人の選手が、イタリアのクラブチームに所属していた。背景には、イタリアに比べてプロ化の遅れたドイツサッカーの国内事情があった。

1990年代、とっくに現役を引退していたハラーは、毎年夏になると、東京の会社「(株) きもと」の招きで、子どものサッカースクール指導のため来日していた。私も何度か話を聞いたことがある。現役時代の写真やビデオを見ると、ちょっといかめしく、今風にいえばオリバー・カーンを少しなごやか

▲ヘルムート・ハラーと（1995年）

にしたような風貌……というイメージだったが、実際に会ってみると、好々爺然とした穏やかな方であった。ある事実確認のため、ドイツのサッカー雑誌の記事を見せたところ、「もう老眼でねえ。メガネがないと、よく見えないんだよ」といって笑っていた。気さくで明るい人である。1962年、1966年、1970年と3回のワールドカップに出場した名手で、イングランド大会では、西ドイツチーム最高の6得点を挙げた。初戦のスイス戦でも、ベッケンバウアーと同じ2点を決めている。

2試合目のアルゼンチン戦は、手荒な肉弾戦となった。ラフプレーの応酬で、アルゼンチンのホルヘ・アルブレヒトが退場を命じられた。サッカーでは、往々にしてひとり少ないチームが力を結集することがある。アルゼンチンもふんばり、0対0の引き分けに終わった。

スイスに勝ったドイツと、スペインを下したアルゼンチンは、勝ち点3（当時は勝利2点、引き分け1点）でグループの首位に並んだ。ドイツは次のスペイン戦に引き分ければ、準々決勝進出が決定するのだが、アルゼンチンがかなり高い確率でスイスに勝利するであろうことを考えると、どうしてもスペインには勝っておきたいところだ。というのもグループ2位の通過では、準々決勝の相手が地元イングランドになるからである。

◎ 勝利を招いたスペイン戦での用兵 ◎

シェーンは、チームの編成を変えた。ハラーをはずし、ローター・エメリッヒを投入した。ボルシア・ドルトムント所属のエメリッヒは、ルール地方の人気者である。左ウィングの彼は、同じドルトムント所属の右ウィング、ズィギィ・ヘルト（後にJリーグ、ガンバ大阪の監督も務めた）とは抜群のコンビを誇る。

ワールドカップに向け、ロッテルダムでオランダと親善試合を行ったときに、このエメリッヒ、ヘルトの2人を初めてウィングで先発させ、試合も4対2で勝った。シェーンは、そのときのフォーメーションを採用したのである。図太いエメリッヒなら、激しい当たりの予想されるスペイン相手にも、たじろぐことはないであろう。

これはあくまで私の想像にすぎないのだが、シェーンは、ドイツが初優勝を飾った1954年大会における、前任者ヘルベルガーの選手起用を思い出したのではないだろうか。その大会で、ヘルベルガーは、当初出場の機会のほとんどなかったヘルムート・ラーンを大会途中から先発させた。フラストレーションのたまっていたラーンは、宿舎で同室の主将フリッツ・ヴァルターに何度もこぼしていたといわれる。そのラーンが、決勝では3得点すべてにからむ大活躍を見せ、ラッキーボーイとなった。ラーンもルール地方出身で、また太い神経の持ち主である。シェーンは、エメリッヒをかつてのラーンに重ね合わせていたのではないか。

スペイン戦に関しては、このエメリッッヒの起用が当たった。スペインに1点を先行され、前半も残り少なくなった40分。スローインのボールを受けたエメリッヒは、敵をひとりかわす。ところが、そこはもう左コーナーフラッグ付近で、しかもほとんどゴールライン上の、事実上追いつめられたも同然の位置であった。シェーンはいう。

「世界中のどんな選手でも―まあ、ヘルムート・ラーンは別として―この位置からは、中へセンタリングを上げるのが普通だろう」

ところが、かつてのラーン同様、ものごとにこだわらない性格のエメリッヒは、ほとんど角度のないところからゴールに向けて、左足でボンッとシュートしたのである。斜めに急上昇していったボールは、ゴールの遠いほうの上隅にバチンと音を立てて決まった。1cm右にずれていたら、ボールは外へ出ていたことであろう。イングランドの円柱のゴールポストが幸いした。大歓声が上がった。

「こんなゴールって、見たことない!」

シェーンはこう続ける。

「このシーンを思い出すたびに、私には、このゴールを決めたのが他の選手であったら……という思いがよぎる。このゴール以降、私はひそかにエメリッヒに固執してしまい、決勝戦にも彼を起用してしまったのだ。決勝の彼は、最低の出来であった」

1954年大会の英雄ラーンと、1966年大会で一度はラッキーボーイになりながら最後にツキのなかったエメリッヒ……12歳年のはなれたこのふたりは、2003年の8月中旬、ほぼ同じ時期にこの世を去った。

ともあれ、スペイン戦は、後半の39分、さらにウーヴェ・ゼーラーのゴールが決まって、2対1の勝利となった。ドイツは、トップで1次リーグを通過した。

◎「欧州対南米」―そんなジャッジが……◎

準々決勝4試合の組み合わせは、西ドイツ対ウルグアイ、ソ連対ハンガリー、朝鮮民主主義人民共和国（北朝鮮）対ポルトガル、イングランド対アルゼンチン、と決まった。優勝候補ブラジルは、初戦のブルガリア戦には勝利したものの、ペレの負傷もあって、ハンガリー、ポルトガルにそれぞれ3対1で敗れ、大会から去っていった。ポルトガル戦のペレの姿は、今もフィルムで確認できる。右ヒザに包帯をした彼は、左足一本でのプレーを余儀なくされ、見るからに痛々しい。

ペレに代わって、大会のスターに躍り出たのはポルトガルのエウゼビオである。当時ポルトガル領であったアフリカのモザンビーク出身で、「モザンビークの黒ヒョウ」と呼ばれた偉大なゴールゲッターだ。日本のエース釜本邦茂が、現役時代に、このエウゼビオのパワフルなシュートを、どうにか真似ようと努力したエピソードもある。

そのポルトガルと当たるのは北朝鮮だった。まったくの伏兵であり、驚きのチームである。1次リーグは、ソ連にこそ敗れたものの、チリと引き分け、イタリアを1対0で蹴落として、グループ2位で通過した。対イタリア戦の勝利は、ワールドカップ史上アジア勢初の1勝だった。

ポルトガルに対しても北朝鮮はひるまず、前半で一気に3点を奪う。大番狂わせの予感が広がったが、そこからエウゼビオの一大ショーが始まった。ひとりで4点を挙げる活躍で試合をひっくり返し、最終スコアは5対3。ソ連とハンガリーの東欧対決は、2対1でソ連が制し、ポルトガルとともに、準決勝進出を決めた。

西ドイツ対ウルグアイの「欧州対南米」は、火花散る戦いとなった。前半6分、ウルグアイの攻撃。ヘディングシュートを、ドイツのキーパー、チルコフスキがキャッチできず、ボールはゴールへ。ライ

▲1966年大会の得点王エウゼビオ（左）右はジーコ

ン上に立っていたバックスのシュネリンガーは、手を上げながらジャンプして、ヘディングでクリアした。角度によっては、手でセーブしたようにも見えたが、イングランドのジム・フィニー主審は、そのままプレーを続行させた。「ハンドだ」と、ウルグアイはいきり立つ。

その6分後、ドイツが得点するにおよんで、ウルグアイは堪忍袋の緒が切れてしまった。こうなると体のすべてを使ったファウルの連続だ。相手選手に一発かまされたベッケンバウアーも、接近戦になると逃げ腰である。

後半4分、ウルグアイのオラシオ・トローチェが、ドイツ選手を打ちのめし退場になった。彼は外に出るふうをよそおいながら、ウーヴェ・ゼーラーに近寄り顔面を平手打ちした。トローチェは、ゼーラーがやりかえし、ともに退場になることをねらったのである。ところが、ゼーラーは自制心を失わず、トローチェは非難の口笛を浴びながらロッカールームに消えていった。

さらにその6分後、ファウルした上にさらに殴ったことで、ヘクトル・ホセ・シルバもあとに続いた。2人少ないウルグアイは、自ら敗戦への道をたどったことになる。ドイツはさらに3点を加え、4対0で準決勝に進んだ。

イングランド―アルゼンチンという、もうひとつの「欧州対南米」対決でも、アルゼンチンのキャプテン、アントニオ・ラティンが、ドイツのルドルフ・クライトライン主審に退場を宣告された。ラティンは執拗に抗議したが、聞き入れられなかった。試合は1点を守り切ったイングランドの勝利。準決勝は、ソ連対西ドイツ、ポルトガル対イングランドとなった。

1966年ワールドカップは、審判の問題が大きくクローズアップされた大会でもある。準々決勝での退場をめぐって、南米勢からは猛烈な抗議が出た。西ドイツの試合がイングランド人の主審、イングランドの試合がドイツ人の主審と、いずれもヨーロッパの審判であったことに加え、それぞれ南米チームから退場者が出たこと。さらに、アルゼンチン戦の後で、イングランドのラムゼー監督が、アルゼンチン選手のプレーぶりを評して"Animal"と呼んだことから大問題になった。ラムゼーが、試合後にユニフォーム交換をしようとする選手を止めに入った写真も残っている。

怒りのおさまらない南米勢はこう言い放った。「そんなジャッジがあるか。ヨーロッパのチームを勝ち残らせようとする陰謀だ。もうワールドカップには出場しない。南米は独自に選手権を開催する」

FIFAは、この大会の反省から、次回1970年のメキシコ大会では、世界各国の審判の意思統一をはかり、イエローとレッドのカードを導入することになる。

◎ ソ連対西ドイツ、ポルトガル対イングランド ◎

準決勝、リバプールでの対ソ連戦。シエーンでさえも、まさかここまでくるとは予想していなかった。ソ連が強敵であるのはわかっていたが、ドイツチームは自信を深めていた。英国の観客は、「ロシア！ ロシア！」と熱狂的にソ連に声援を送った。シェーンには、それが西ドイツ好調の裏づけである、と受け止めるだけの余裕があった。英国のファンは、決勝戦の相手として、ドイツのほうがより手ごわいと感じていたのだ。

試合は厳しいものとなった。偉大なるゴールキーパー、レフ・ヤシンの守るソ連ゴールは堅く、ハーフタイムが近づいても両者無得点。

前半43分。バックスのシュネリンガーが、相手選手からボールを奪い、そのまま前線のハラーにフィード。ハラー、反転してニアポストにシュート。これがゴールとなり西ドイツが先取した。シュネリンガーとハラーの「イタリア組」による迅速なプレーだ。「カテナチオ」と呼ばれたイタリアの守備戦術は有名だが、この2人は、そのイタリアで揉まれ、「1回のチャンスをものにする」ことに慣れているのだ。シェーンには、イタリアのクラブから、2人をドイツ代表として「借り出す」ために費やした労力が報われた気がした。

後半23分、ハラーからのパスを受けたベッケンバウアーが、2、3歩ドリブルして、20mの距離から打ちはなった。ボールは左のポストをかすめ、ネットに突き刺さった。さすがのヤシンも反応できない。これで2対0。

その後、ソ連の猛攻を浴びて1点を奪われたが、ついにタイムアップの笛が鳴った。シェーンは、初采配のワールドカップで、チームを決勝戦に導いたのである。

一方、もうひとつの準決勝では、イングランドが、ボビー・チャールトンの2得点で先攻した。必死に追撃するポルトガルを、エウゼビオのＰＫによる1点におさえ、決勝進出である。イングランドのゴールキーパー、ゴードン・バンクスが、ここまでの5試合に許したのはこのエウゼビオの1点だけであった。

決勝戦は7月30日、場所はロンドン、ウェンブリースタジアム。イングランド対西ドイツ。約3週間続いたワールドカップが、いよいよ最終戦を迎える。ところが、大事な決勝戦で、また審判のジャッジが大問題を引き起こすことになるとは、このとき誰も予想していなかった。

3. 決勝、イングランド対西ドイツ

◎イングランドのボビー・チャールトン◎

1966年第8回ワールドカップ・イングランド大会は、大詰めを迎えていた。決勝で開催国イングランドと当たることになった西ドイツ監督ヘルムート・シェーンは、決勝戦の2日前、ウェンブリースタジアムの3位決定戦に足を運んだ。

ポルトガルとソ連の対戦は、2対1でポルトガルの勝利に終わった。ワールドカップ初出場国としては、大健闘である。エウゼビオは1得点を追加し、合計9点で得点王をほぼ手中にした。しかし、シェーンの心中は、試合観戦どころではなかった。同行したアシスタントコーチのデトマール・クラマーや関係者と、決勝の作戦を繰り返し話し合った。

それまで、ドイツはイングランドに一度も勝ったことがない。1908年以来、11戦して0勝9敗2引き分けである。ワールドカップの決勝で、この苦手イングランドを相手に、どうすれば勝機をつかめるだろう。シェーンは、熟慮の末、ポイントを一点に絞った。相手の中心選手を徹底的にマークすること。そして、そのターゲットとされたのは、ロバート（愛称ボビー）・チャールトン。名門マンチェスター・ユナイテッド（マンチェスターU）所属のスターである。

もともと左ウィングだった彼は、選手として成熟するにしたがい、中盤でのゲームメークを受け持つようになっていた。イングランドのコントロールタワーにして、危険なゴールゲッターだ。この大会でも、それまでにイングランドの挙げた7得点のうち、ボビーが3点を決めている。彼の兄ジャック（愛称ジャッキー）も、代表選手である。

ボビーとジャッキーの兄弟は、イングランド北東部ノーサンバランド州の炭鉱労働者の家に生まれた。父親のボブは、もの静かで、感情をあらわにしない性格だが、強い意志の持ち主であったという。サッカーには興味を示さず、ボクシングと鳩の飼育が趣味であった。息子ボビーが一世一代の名プレーを見せ2得点を挙げた、このワールドカップの準決勝ポルトガル戦でさえ、父親は観戦におとずれていない。

逆に、母親のスィスィ（本名エリザベスの愛称）は、外向的であけっ広げな性格で、しかもサッカーに理解があった。それもそのはず、スィスィの生まれ育ったミルバーン家は、イングランド中に知れ渡ったサッカー一家なのである。スィスィの男兄弟4人がすべてサッカー選手というだけでなく、従兄弟のジャッキー・ミルバーンは、イングランド代表に13回選ばれ、10ゴールを挙げたほどの名選手だ。彼女も

▲ボビー・チャールトン夫妻と

「男に生まれていたら、絶対に選手になっていた」というほどのサッカー好きである。

親類にイングランド代表選手のいる家庭など、そうそうあるものではない。チャールトン兄弟が、サッカーに親しんだのも当然のなりゆきであろう。母親似の性格である兄ジャッキーはリーズ・ユナイテッドに入り、父親に似て物静かな弟ボビーはマンチェスターUと契約を結び、ともにプロになった。

ところが、若くしてマンチェスターUのトップチームに抜擢されたボビーを、大きな事件が待ちかまえていた。

名監督マット・バスビーのもと、欧州制覇を目指したチームは、1958年、ヨーロッパ・チャンピオンズカップ（現在のチャンピオンズリーグ）で、ベスト8まで勝ち進む。準々決勝の相手は、ユーゴの名門レッドスター・ベオグラード。ホームで2対1の勝利をおさめたあと、敵地のアウェイ戦を3対3で引き分け、みごとに準決勝進出を決めた。その帰途である。チームの乗った飛行機が、雪のミュンヘン・リーム空港で離陸に失敗して大破。乗客43人のうち、犠牲者23人。選手8人が死亡した。有名な「ミュンヘン空港の惨事」である。ボビーは奇跡的に助かった。重症を負った監督のバスビーも一命をとりとめ、長い療養生活の末、復帰する。

バスビーは、ボビーを中心にチームを再建した。そして、悲劇から10年後の1968年、ついにヨーロッパ・チャンピオンズカップを勝ち取った。マンチェスターUが、いまだに根強い人気を誇るのは、このクラブのもつ感動的な歴史と無関係ではない。ボビー・チャールトンは、そのマンチェスターUと、そしてイングランドを象徴する名手だった。

◎ クラマーとシェーン ◎

シェーンの立てた作戦は、このボビー・チャールトンに、売り出し中の若手フランツ・ベッケンバウアーを当てる、というものであった。ベッケンバウアーがその才能を十分に発揮すれば、チャールトンのゲームメークを阻止できるだけでなく、逆に彼を守勢に追いこむことも可能になる……。これがシェーンの考えであった。コーチのクラマーは反対した。クラマーは、ベッケンバウアーをもっと自由にプレーさせたほうが効果的であると考えたのであろう。

ドイツ人のもつ一般的な性格として、合理的であると同時に徹底的であるという点が挙げられる。日常会話で、よく"logisch"（論理的な、筋の通った）という言葉が使われることからもわかるように、ものごとを、筋道立てて、つきつめて考え、そのうえで、ピシっとしたルールをつくっていく。ドイツの人たちが、哲学や法律といった学問に熱心に取り組むのも、その性格と無縁ではないであろう。

サッカーの指導についても、医学、運動生理学、心理学に始まり、ボール扱いの技術から戦術にいたるまで、幅広い分野の成果を総合してドイツ式コーチングを編み出した。その集大成ともいえる制度が、第2次大戦後ゼップ・ヘルベルガーによって創設されたケルンスポーツ大学のサッカー指導者養成コースだ。戦前にオットー・ネルツが創設したベルリンでの指導者養成コースの西ドイツ版であり、「ヘルベルガー学校」といってもよい。ここでライセンスを取得しなければ、ドイツでは監督やコーチにはなれない。

同じ養成コースを経てくるせいか、ドイツ人指導者のコメントは、基本的事項に関しては驚くほどよく似ている。「金太郎飴のように」、あるいは「判で押したように」という表現がピッタリくるほどである。

ところが、実際の現場においては、ひとりひとりの監督やコーチの采配や作戦には、しばしば著しい違いの現れることがある。これは、ひとえに、それぞれの指導者がもつ個性や人生経験、サッカー観、それに、個々人のポリシーや好みによるものであろう。ドイツ人はひとりひとりの自我が強いため(これは欧米人一般にも当てはまるが)、中心となる基軸は同じでも、肉づけの段階で肌合いの違いが生まれてくるのだと思う。大胆にいってしまえば、徹底的に基礎を仕込むだけで、あとは自然と個性が生きてくる……ということになろうか。

1966年ワールドカップ決勝を控えて、同じ「ヘルベルガー学校」出身の西ドイツ監督シェーンとアシスタントコーチであるクラマーのコンセプトは真っ向から対立した。最終的には、監督としてシェーンが決定を下した。この作戦について選手からの反対はなく、ベッケンバウアーも承知した。

ただ、このあたりから、シェーンとクラマーの関係がギクシャクしてきたのではないかと推察できる。

◎ 決勝戦当日 ◎

7月30日。第8回ワールドカップは、いよいよ決勝の日を迎えた。ロンドン、ウェンブリースタジアム。9万6924人の大観衆。雨と太陽が交互に現れる英国らしい天候であった。

ドイツチームが、バスで宿舎から競技場に向かう町の通りは、まるでゴーストタウンのように人気《ひとけ》がなかったという。テレビの時代がおとずれ、何百万人という英国人やドイツ人が中継を見逃すまいと、それぞれの家庭、あるいは受像機のあるパブや喫茶店で、その時を待っていたはずだ。英国BBC放送はケネス・ウォルストンホルム、ドイツ側はルディ・ミヒエルと、どちらの国もサッカー放送では定評のあるコメンテーターが実況する。

この大会では、開幕前に大きな事件があった。優勝チームに授与される黄金の「ジュール・リメ杯」が、ウェストミンスターの展示場から、忽然と姿を消したのである。警察は英国全土に捜査の網を張りめぐらし、港や飛行場も一時閉鎖された。マスコミは毎日のように大きく取り上げるが、犯人も動機もわからない。

1週間後、ロンドンに住むデイヴ・コーベットという男性が、ピクルスという名の犬を連れて、南ロンドン・ノーウッドの辺りを散歩していたときのことである。ピクルスが、ある家の庭に走っていき、いけがきの根元の地面を掘り始めた。新聞紙にくるまって出てきたのは、盗まれたトロフィーだった。

メディアは、それまで以上の大見出しを掲げた。なかでも、トロフィーの包まれていた「ニュース・オブ・ザ・ワールド」紙など、ピクルスの漫画を掲げ、「特ダネをかぎつける新聞をわかっている犬！」というキャプションをつけた。英国流ユーモアである。

それにしても、一連の出来事をどう表現したらよいのだろう。犯罪？ アクシデント？ ハプニング？……。その間に、容疑者がつかまり、トロフィーを返還する代わりに相応の金額を要求するつもりであったことがわかった。いずれにせよ、ＦＩＦＡ（国際サッカー連盟）とＦＡ（イングランドサッカー協会）、それにスコットランド・ヤード（ロンドン警視庁）はひと安心である。

無事発見されたジュール・リメ杯は、初めて「サッカーの母国イングランド」のものになるのか、あるいは１９５４年スイス大会での「ベルンの奇蹟」以来12年ぶりに、ふたたび西ドイツが手にするのであろうか。

ドイツチームは、いつものように試合開始の1時間以上前に、スタジアムに到着した。最後の準備やマッサージ、チームへの指示には、十分な時間だと、シェーンはその経験から知っている。決勝前日に20分間だけ許されたウェンブリーでの練習で、芝生の長さをはかり、それに合うポイントも、すでに選手たちのスパイクに取りつけられている。

超満員のスタンドからは、大観衆による「オー・ホエン・ザ・レッズ、オー・ホエン・ザ・レッズ、ゴー・マーチング・イン」という「聖者の行進」の替え歌が聞こえ、さらにムチでピシピシ打ちつけるような「イング・ランド！　イング・ランド！」の声援がひびいてきた。レッズとは、決勝戦でイングランドが着用する赤いユニフォームをふまえてのことである。一方西ドイツは、着慣れた白のユニフォームだ。

審判に率いられ、選手が入場する。エリザベス女王がロイヤルボックスに着席する。両国国歌の吹奏。この大会では、国歌が吹奏されるのは、開幕試合と決勝戦の2試合だけという決まりになっていた。英国と国交のない朝鮮民主主義人民共和国が出場したことで、主催者のＦＩＦＡが、大会の慣例儀式を巧みに変更したのである。

イングランドの主将ボビー・ムーアと、西ドイツ主将ウーヴェ・ゼーラーがにこやかにペナントを交換する。主審は、スイス人のゴットフリート・ディーンスト。彼は、前回の第7回チリ大会準決勝の主審を務め、チャンピオンズカップでも笛を吹いた経験をもつ。当時の欧州を代表するレフェリーのひとりであった。線審には、チェコのカロル・ガルバとソ連のトフィク・バクラモフが選ばれていた。

イングランドのゴードン・バンクスの回想によれば、監督のアルフ・ラムゼーは、ある練習中、中盤を受け持つアラン・ボールとノビー・スタイルズに、

「とにかく走りまわってボールを奪え！」と指示したという。

スタイルズが質問する。

「ボールを奪ったらどうすればいいですか？」

すると、ラムゼーは聞き返す。

「きみたちは犬を飼っているかね？」

2人はうなずく。

「公園に犬を連れていったことは？　ゴムのボールを投げて、犬にいうだろう。さあ、あれを追いかけ、拾ったら私の足元にもっておいで、と」

「はい！」

アランとノビーは同時に答え、ラムゼーは続けた。

「同じことを、君たちはボビー・チャールトンのためにすればいいのだ」

ボールを奪って、チャールトンに渡す。イングランド勝利の方程式。それを阻止する役目がベッケン

西ドイツのメンバー	イングランドのメンバー
監督　ヘルムート・シェーン	監督　アルフ・ラムゼー
ハンス・チルコフスキ（GK）	ゴードン・バンクス（GK）
ヴィリー・シュルツ	ジャッキー・チャールトン
カール・ハインツ・シュネリンガー	ジョージ・コーエン
ヴォルフガング・ヴェーバー	レイ・ウィルソン
ホルスト・ディーター・ヘッティゲス	ボビー・ムーア（主将）
フランツ・ベッケンバウアー	ノビー・スタイルズ
ヴォルフガング・オヴェラート	ボビー・チャールトン
ヘルムート・ハラー	アラン・ボール
ズィギィ・ヘルト	マーチン・ピータース
ウーヴェ・ゼーラー（主将）	ジェフ・ハースト
ローター・エメリッヒ	ロジャー・ハント

バウアーということになる。ラムゼーとシェーン、両監督の思惑が、まさにこのチャールトン－ベッケンバウアー対決に凝縮されていた。

◎ 両者譲らず、同点につぐ同点 ◎

午後3時をまわって、キックオフ。ドイツ選手の動きはいい。各自がそれぞれのマーク相手をしっかりとつかまえている。開始直後に、チームが指示通り動いているのを見るのは、監督にとってホッとひと息つく瞬間であるという。

ひとつ心配なのは、準決勝のソ連戦で痛めたゴールキーパー、チルコフスキの左肩だ。試合前、マッサージ師のエーリヒ・ドイザーと医師のショベルト教授が「すぐ治してやるさ」と、請け負ってはくれたものの、万が一痛み止めの注射が必要なら、シェーンはチルコフスキの起用をあきらめるつもりでいた。シェーン自身、若いころヒザに痛み止めの注射を打って出場し、試合中に効き目が切れてひどい目にあった経験があるからだ。代表監督としては、選手とその所属クラブのためもあって、「無理をさせる」ことは断じてできない。痛み止めの注射は、治療ではなく、単なる麻酔だというのがシェーンの考え方であった。ともあれ、チルコフスキは、どうやらもちこたえている。

前半12分、試合が動いた。ヘルトがドリブルで突進してイングランド陣内にセンタリング。ウィルソンのヘディングによるクリアが弱く、ボールはハラーの足元へ。ハラーは、敵バックスのウィルソンとムーアの間を抜くシュートを放った。ポジショニングのよいことでは定評のある名キーパー、バンクスが体を投げ出すも、ボールはその手の先をかいくぐるようにゴールに飛びこむ。1対0－ドイツのリード。大歓声がひびいた。

カメラはすかさずロイヤルボックスをとらえる。「何よ、今の……?!」とでもいいたげな、憮然とした表情のエリザベス女王。

6分後、女王陛下に満面の笑みがこぼれた。ドイツ側の陣内で、オヴェラートのファウル。ボビー・ムーアがボールをセットし、顔を上げて味方の位置を確認すると、素早くドイツゴール前にボールを送る。ドイツが守備体型を整える前に、抜群のタイミングでハーストが飛び出しヘディング。1対1。同点。

のちにバンクスはこうコメントしている。

「あれは、まったくアルゼンチン戦での、ジェフ（ハースト）のゴールのカーボンコピーだった」

1対0で勝った準々決勝のアルゼンチン戦で挙げたジェフ・ハーストのゴールの複写だというのである。そのときの得点は、マーチン・ピータースのクロスを、まったく同じようにヘディングで合わせたものであった。ハースト、ピータース、ムーアは、いずれもロンドンのウェストハム・ユナイテッドの所属である。いつもともにプレーしているだけあって、互いのスタイルを熟知している。ワールドカップの準々決勝、そして決勝という大事な局面で、ふだんのコンビが生きたことになる。前半は、1対1のまま終わった。

ハーフタイムのドイツ控え室では、選手ひとりひとりが集中し、冷静な空気が支配していた。試合は五分五分で、我々にもチャンスはある、と誰もが感じていた。ベッケンバウアーは、彼自身のゲームを展開するまでにはいたっていないものの、チャールトンをしっかりとおさえている。心配されたチルコフスキもまずまずだ。1次リーグ、スペイン戦のラッキーボーイ、ローター・エメリッヒだけが、まったく目立たなかった。とはいえ、当時のルールで、交代は許されていない。

後半開始。一進一退の攻防が続く。中盤でボールを受けたドイツのゼーラーからハラーへ。ハラーからヘルトに渡りゴール前にセンタリング。これをキーパーのバンクスがキャッチ。今度はイングランドのチャールトンのクロス。チルコフスキのパンチング。ボールは、両陣営を行きつ戻りつ、激しく、速く、互角の戦いであった。

後半32分、イングランドの右コーナーキック。小柄なアラン・ボールが、彼独特の身体を折りたたむようにしながらのキック。それを受けたハーストのシュート。ヘッティゲスのクリアが短い。ボールが足にピシッと当たらず、ふわりと上がってしまった。落ち際に現れたのがワールドカップ直前に代表デビューを果たした新星マーチン・ピータースであった。歴代イングランド代表のハンサム・ボーイを選んだら、きっと上位にランクされるであろう彼は、ノーマークでゴールを決めた。

監督のアルフ・ラムゼーは万歳し、観客は歓声と歌で勝利をたたえ始める。「ルール・ブリタニア!

ブリタニア、ルール・ザ・ウェイヴズ……！」

　ドイツは総攻撃に出た。決してあきらめずに、粘り強く、最後のチャンスを求めて奮闘する。残り時間はわずか。ラムゼーとそのスタッフ、それに控えの選手たちは、すでにベンチから立ち上がろうとしていた。ＢＢＣテレビでは、ウォルストンホルムが、落ち着き払った声で実況する。

「13年前、ハンガリーチームがきて、イングランドがもはやフットボールの主ではないことを見せつけました。13年たって……イングランドが世界チャンピオンになろうとしています」

　そのときである。イングランド陣内で、ドイツにフリーキックが与えられた。スタイルズ、ピーターズ、ボビー・チャールトン、ハーストが守備に戻る。ゴールとの距離と角度をはかり、互いにユニフォームを引っ張り合いながら、頑強な壁をつくった。ドイツは、エメリッヒがボールをセット。ゲーム中、まったく表に現れなかった彼が、「最後の幕引き」……。シェーンには、何か象徴的に思われた。

　エメリッヒのキック。壁を越え、コーエンに当たったボールを、ヘルトが拾い再びシュート。ボールは、前線につめていたシュネリンガーの背中で跳ね返り、ゴール前を転々ところがっていく。そこにスライディングしながら飛びこんだのがヴォルフガング・ヴェーバーだった。レイ・ウィルソンがブロックにいく。バンクスは、その上に体を投げ出す。さすがに読みの深い名キーパー、ボールの軌跡を瞬時に予測している。ところが、ヴェーバーの右足で弾かれたボールは、ウィルソンとバンクスのさらに上を通過し、ゴールに飛びこんだ。「2対2」。最後まであきらめないドイツの魂。試合時間は90分をさしていた。

シェーンとラムゼーの両監督は、互いの顔を見合わせ、両手を広げ、肩をすくめた。イングランドがふたたびキックオフしたとたんに、主審の笛が鳴った。延長戦である。

◎　第3のゴール　◎

ワールドカップ決勝で延長に入るのはこのときが初めてだった。両国のサポーター（圧倒的にイングランドが多いのは当然だが）から、それぞれ「イング・ランド！　イング・ランド！」「ウーヴェ！ウーヴェ！」の声援がひびく。ドイツ応援団は、彼らのキャプテンであるゼーラーの名前を連呼するのだ。

通算100分（延長前半10分）、問題のシーンがおとずれた。イングランドは、右サイドに展開。アラン・ボールが駆け上がり、中央で待ちかまえるハーストにパス。腰の高さにはずんだボールを、ハーストは右足で器用にトラップすると、そのまま体を半回転させ打ちはなった。チルコフスキがジャンプするも届かない。ボールは、ゴールのバーを直撃し、そのまま真下に落下した。フィールドに跳ね返ったボールを、ヴェーバーがヘディングで、クロスバーの上にクリア。イングランド選手は万歳し、ドイツはコーナーキックを主張する。

ディーンスト主審のジャッジは？……彼は、線審を務めるバクラモフに歩み寄って確認する。スイス人のディーンストとソ連人のバクラモフは、何語で話し合ったのだろう。バクラモフはうなずき、主審は右手を頭上にかかげ、手首を軽く上下させながら、ハーフウェイラインの方向をさした。ゴールだった。

シェーンの自伝には、このときの情景が描写されている。

「後に、何度もこの瞬間をとらえたフィルムを見た。……ボールが跳ね返る際に、ゴールライン上のチョークの粉をはじきとばしていた。つまり、ボールは少なくともその一部がライン上にあったことになる。……疑いなくノーゴールだ」

ヴェーバー、オヴェラート、ヘルトの3選手が、バクラモフに詰め寄って抗議する。だが、判定がくつがえるはずもない。主将のゼーラーが、彼らをなだめる。試合再開。スコアは、イングランドがリードの3対2となった。

延長後半になっても、ドイツはなおあきらめずにチャンスをねらうが、点にならない。逆に終了直前、ボビー・ムーアから前方にロングパスが通る。胸でトラップしたハーストは、そのままドイツゴールに突進し、オヴェラートのマークをふりきってシュート。ゴール。

ハーストにボールが渡るプロセスにおいて、すでに勝利を確信した3人のイングランド・サポーターが、歓声を上げながらフィールドに入ってきていた。その前のディーンスト主審の仕草がまぎらわしかったため、試合が終わったと勘違いしたのであろう。厳密にいえば、なだれこんだ観客をそのままにして試合を続行させるのは、審判の大きなミスである。それでも、ハーストのゴールは認められ、ワールドカップ決勝戦で初めてのハットトリックが記録された。ドイツには、もう挽回する力も時間も残っていなかった。

4対2。イングランド、ワールドカップ初優勝の瞬間だった。

主将のボビー・ムーアを先頭に、ロイヤル・ボックスへの階段をのぼる選手たち。39の階段をのぼりきったムーアは、自らのユニフォームで手をぬぐい、さらに式典用に飾りつけてある布で手をこすった。女王陛下と握手するためである。にこやかにほほ笑むエリザベス女王から、黄金のジュール・リメ杯がムーア主将の手に渡された。大歓声。「サッカーの母国」は、ついに世界の頂点に立ったのである。

一方、健闘むなしく敗れたものの、あきらめずによく戦ったドイツチームにも、万雷の拍手が贈られた。西ドイツ監督ヘルムート・シェーンのワールドカップ初陣は、準優勝という立派な結果で終わった。

◎　なおも議論は続く……　◎

終了のホイッスルが鳴ったとき、ドイツのハラーは真っ先に試合球に向かって突進していた。記念に持ち帰ろうという茶目っ気のあるハラーらしい行動だ。主審を務めたディーンストが、ハラーに近づき、ボールを返すよう要求する。本来は主催者に返す決まりになっているのだ。スイス人の主審とドイツ人のハラーなら、ドイツ語で会話したことだろう。ハラーはディーンストに向かってこういった。

「あんたが、もっとましなジャッジをしてくれていたら、返してやってもよかったんだが……」

この試合後のハラーの写真を見ると、常にボールをもって写っている。彼は、さらにそのボールを小わきに抱えたまま、ロイヤル・ボックスに向かい、エリザベス女王と握手したらしい。まるで草サッカーのわんぱく坊主かガキ大将である。プクプクした顔立ちのハラーと重ね合わせると、なんとなく微笑ましい光景だ。30年後、このボールは彼の息子ユルゲンから、イングランドに返却されたと聞いた。「父ちゃん、もういいだろう」というところか。

1995年夏、「第3のゴール」についての意見を求めると、ハラーは、「おれは近くにいたんだ。あれは絶対にノーゴール!」と言い切った。ハラーだけでなく、今なお、このゴールを認めないドイツ人は多い。

フリッツ・ヴァルター(西ドイツが初優勝した1954年スイス大会のときの主将)は、その観戦記『私が見たまま』(Wie ich sie sah... Copress 社刊)で、こう語っている。

「私は、ちょうどドイツ陣ペナルティエリアあたりのプレス席にいた。すべてが瞬時の出来事ではあったが、ボールがラインを越えていないのは、はっきりとわかった。ラインに触れていたという点について異論はない。だが、それだけで十分とはいえない。ボールは、完全にゴールラインを越えていなくてはならないのである！」

ヴァルターは、サッカー界の大物たちの意見も集めている。

ゴールライン延長上の観客席にいたスウェーデンの名選手、クルト・ハムリン。

「誓ってもいい。ノーゴールだ。絶対に確かだ！」

元ハンガリー代表の主将フェレンツェ・プスカス。

「ボールは、ラインを越えていなかった。それに4点目は何だ？　観客がなだれこんでいたではないか」

1934年、38年にイタリアがワールドカップ連覇を果たしたときの監督ヴィットリオ・ポッツォ。

「ノーゴール！　ボールは、完全にはラインを越えていなかった」

決勝戦終了後の夜、イングランド、西ドイツ、ポルトガル、ソ連の上位4チームが招かれてレセプションが開かれた。その席上、大会の得点王となったポルトガルのエウゼビオが、談笑の最中、メニューに「ノーゴール」と記し、イングランド選手のひとりが、「ノー」の部分を線で消したというエピソードも残っている。

また、後にドイツで出版された「1978年ワールドカップ・アルゼンチン大会写真集」には、1966年当時、このゴールのすぐ裏で決定的な瞬間を見届けたカメラマン9人のコメントが紹介されている。明らかに英国系と思われる2人をのぞき、7人が「ノーゴール！」と証言している。

こうした論議を呼んだ決勝戦だったが、試合終了寸前のラストプレーによる同点劇。さらに、それに続く緊迫した延長戦。しかも舞台はサッカーのメッカ、ウェンブリー。第8回ワールドカップは、名勝負で幕を閉じたといえよう。

◎ ある日のウェンブリー ◎

1995年9月、私はロンドンのウェンブリースタジアムを訪ねてみた。地下鉄メトロポリタン線かジュビリー線の「ウェンブリーパーク駅」下車。競技場は、もう目の前である。

スタジアム・ツアーに申しこむと、居合わせた見学者およそ20人ほどをひと組として、係員が案内してくれた。フィールドや観客席はもちろん、テレビ

▲ウェンブリーのロッカールームにて

やラジオの中継室、ロッカールーム、さらにはロイヤルボックスまで、すべて見せてもらえた。選手用の浴場。フィールドに通じるトンネル。いずれもテレビやビデオでしか見たことのない風景に、そのまま接することができた。

「あそこに選手のバスが止まっていたっけな」「この通路を歩いたのか」

ロッカールームには、現在のイングランド代表ユニフォームが、背番号順に壁にかけられており、臨場感たっぷりである。ボビー・チャールトンの背番号9の下のベンチに腰かけ、しばし当時を思ってみた。

ロイヤルボックスには、小さなカップまで置かれていた。

「さあ、皆さんもワールドカップで優勝した気分になって、カップを掲げ、記念撮影をしてください」

係員のひと言で、各人がそれぞれカップを手にして、ボビー・ムーア主将になったつもりである。

1時間半ほどの短いツアーであったが、サッカーファンとして、おおいに楽しめ、また満足のいく企画であった。

そんななか、いちばん印象に残ったのが、小さな映写室だった。日本の小・中学校の教室を少し小さくしたほどの空間に、椅子が並べられていた。見学者はそれぞれ好きな席に座り、係員の解説つきで「ウエンブリーの歴史」という短編ビデオを見る。私は窓際に座った。

ビデオが始まった。1923年、12万6千人の大観衆を集めたこけら落としのFAカップ決勝戦、……1953年ハンガリーに敗れたゲーム、そして1966年のワールドカップ決勝戦……。初期の貴重な白黒フィルムから最近のカラー映像にいたるまで、思い出の名シーンが次々に登場する。

映写が終わると、係員がいった。

「皆さんには、きっと第3のゴールが印象深いと思われます。さあ、では、この部屋の窓辺を見てください。手すりがあるでしょう。それが、あのときのクロスバーなのです！」

私は手を伸ばし、世界サッカー史の一端に触れた。

現在、古くなったウェンブリーは取り壊され、新スタジアムが建造された。あのバーは、その後どうなったであろうか。

4. ワールドカップ開催決定と新体制

◎ あたたかな歓迎とうれしいニュース ◎

あと一歩で優勝を逃したが、帰国した西ドイツチームをファンは大喝采で迎えた。ドイツ連邦共和国大統領ハインリヒ・リュプケは、ボンで歓迎式を主催し、選手とスタッフが招かれた。席上、リュプケはシェーンにこういった。

「シェーン君。私は、はっきりと見た。あれはゴールだった！　ボールがネットに入ったのをちゃんと見たんだ。うちのテレビでね」

シェーンは、反論の言葉が口まで出かかったが、場の雰囲気を崩すまいと、近くにいたヘルムート・ハラーに声をかけた。

「ヘルムート、ちょっときて、大統領閣下に事実を説明してくれ」

ドイツでは、政治の実権をもつのは連邦総理大臣（首相）であり、大統領には象徴的な役割しか与えられていない。ひょっとするとリュプケは、立場上、英国に配慮して、意図的にそういう言葉を用いたのかもしれない。あるいは、本当にゴールだと信じていたのだろうか……。ハラーが大統領を納得させたかどうか、シェーンは聞きそびれた。

とにかく、決勝戦で問題となった「第3のゴール」をめぐる議論がなおも続き、ドイツ全土どこへいっても、その話題でもちきりなのであった。もし、イングランドが疑いのないゴールを決めていたなら、ゲームには敗れてもシェーンは満足したであろう。素晴らしかった試合が疑問符つきのゴールで決着したことを、彼は残念に思っていた。

その一方、うれしいニュースもあった。大会期間中に開かれたＦＩＦＡ総会で、西ドイツが

1974年のワールドカップ開催国に選ばれたのだ。

1950年、西ドイツはFIFAへの復帰を果たし、1954年には、第5回ワールドカップ・スイス大会で「ベルンの奇蹟」と謳われた優勝を遂げる。関係者の間には「いつか自分たちの手でワールドカップを開催したい」という思いが強まっていった。ドイツサッカー連盟（DFB）では、可能性の検討を始めた。

1956年、FIFAは、かねてから懸案となっていた事項の申し合わせを行った。今後は、サッカー界の二大勢力である欧州と南米が、交互にワールドカップを開催するというものである。すでに1958年はスウェーデン大会と決まっていたため、この取り決めに従い、1962年は南米のチリで開催されることが決まった。となれば、西ドイツがねらえるのは最短で1966年の大会ということになる。

ところが、ここに手ごわいライバルが現れた。「サッカーの母国」イングランドだ。スポーツとしてのサッカーの誕生は、1863年のイングランドサッカー協会（FA）の設立をもってその嚆矢とする。実際には、1963年が「100年祭」にあたり、ロンドンのウエンブリースタジアムでは「イングランド対世界選抜（The Rest of the World）」という記念試合も行われたのだが、母国としては、もっと盛大な記念行事を……と考えるのは当然であろう。そして「そこにワールドカップがあった」

ということになる。かくして、１９６６年大会は「１００周年記念」のイングランドが最有力というのが大方の予想であった。

そこに割って入ったのが、西ドイツとスペインだった。票読みでは、英連邦対ラテンアメリカを含むスペイン語圏の戦い、そこにアジア・アフリカを味方につけた西ドイツがどこまで食い下がるかがポイントと見られていた。ドイツのスポーツ誌『キッカー』によれば、「旧友のよしみで日本が音頭取りをしてくれた」とある。

それはさておき、スペインは、突然立候補を取りやめイングランド側についた。勝ち目の薄い勝負をするより、ここで恩を売っておき、次回に賭けようという作戦だったのであろう。これでイングランドの対立候補は西ドイツのみとなった。不利は目に見えていたものの、結果は「32対27」の善戦であった。次回に向けてはずみがついた。

そして迎えた１９７４年大会の招致合戦では、国内事情が不安定だったスペインがふたたび立候補を取り下げ、すんなりと西ドイツ開催が決まった。時のＦＩＦＡ会長スタンリー・ラウスは、「１９７４年の大会は、完璧な形で行われるであろう。何度もドイツをおとずれて、ドイツの方々の徹底した運営力やファンの熱狂ぶりもよくわかっている」とコメントした。スペインは、１９８２年まで待つことになった。

◎ 新しいスタッフで ◎

１９６８年、ＤＦＢは自国開催となる１９７４年ワールドカップ組織委員会のメンバーを発表した。委員長はヘルマン・ノイベルガー。戦後の混乱のなか、一時的に独立国となっていたザールラント（ザール地方）のサッカー協会会長を務め、シェーンをザールラントの代表監督として雇ってくれた人物である。シェーンにとっては、サッカーの師ゼップ・ヘルベルガーと並ぶ恩人であり、また盟友といってもよい。

ノイベルガーは、ザールラントサッカー協会がＤＦＢに復帰した後も精力的に活動を続け、「やり手」の性格を発揮して、連盟内でいよいよその発言力を強めていた。１９７４年大会に向け、シェーンは、強い後ろ盾をもったことになる。

この間、代表チームのスタッフも変わった。１９６６年大会後、雑誌『シュピーゲル』に載った記事がシェーンには不本意であった。もともと胃に持病のあったシェーンは、時として痛みだす十二指腸潰瘍に悩まされていた。そのため、あたたかいミルクかお茶を飲んで15分ほど横になることがある。それを、ワールドカップ決勝を控えた大事な局面で「廟のレーニン」のように横たわっていたと報道されたのだ。シェーンは、その記事がコーチのデトマール・クラマーの情報によるものと察していた。シェーンは、クラマーとの間に、何か相容れないものを感じた。

その記事がたとえクラマーによるものであったにせよ、単にユーモアのつもりで他意はなかったのかもしれない。それでも、人一倍繊細なシェーンには、ひどくこたえた。

一般的にいって、ドイツ人は個性が強く、各自が強烈に自己主張する。その一方で、ひとりひとりが勝手なことをいうだけでは、組織や社会が成り立たないこともよくわかっている。だからこそ、自分の意見を筋道立てて組み立て、それを相手に伝え、お互いのぶつかり合いのなかから決めごとをつくっていく。その際、相手の気持ちや立場を尊重し、互いの面子をつぶさないよう言動には気を配る。それでも往々にして行き違いや誤解や曲解が生まれてしまう。一度すれ違いが起こると、なかなか修復が難しい。親子関係ですら、そういう例を聞いたことがある。ましてや、もともと他人の集まりである職場では、人間関係の距離の取り方が非常に微妙になる。

サッカーについても同じことがいえる。チームの一員なら、裏では意見を戦わせても、外に対しては統一見解で臨むことが肝要だ。寄せ集めの選抜チームであれば、なおさらよい雰囲気づくりが重要であり、監督とコーチの間に、意見の食い違いがあるなどということは、表に出してはいけない。これは、前代表監督ゼップ・ヘルベルガー時代からの教えでもあった。

シェーンと同様、ヘルベルガーを師と仰ぐクラマーも、その辺の呼吸は十分に飲みこんでいた。クラマーは彼なりにシェーンを立て、一度決断が下れば、その意向や指示にはきちんと従った。ただ、ワールドカップ決勝戦でのベッケンバウアーの起用法については、その後も心にしこりが残っていた。

ちょうどそのころ、ＦＩＦＡ会長のスタンリー・ラウスから、ある要請がクラマーのもとに届いた。

FIFAコーチという肩書きで世界中をまわり、サッカーの指導をしてほしいというのである。恩師ヘルベルガーの薦めもあり、クラマーはこの要請を受けた。サッカーの発展には、正しい訓練を受けた指導者の育成が重要であるという考えのもと、1974年までこの地位にとどまった。巡回した国はアジア、アフリカを中心に50〜60カ国にもおよんだ。1969年には、日本の千葉県・検見川で第1回のFIFAコーチングスクールも実施している。

西ドイツ代表チームアシスタントコーチのポストはウド・ラテックが後を継いだ。ラテックは、すでに1965年からDFBのコーチになっていた。クラマーとともにユースとジュニアを担当し、1966年のイングランド大会でもスタッフの一員としてベンチ入りしている。選手のことも熟知していたので適任といえた。

こうして、新しいスタッフとともにシェーンは次の目標に向かってスタートを切った。ところが、1968年ヨーロッパ選手権では、いきなり大失策をおかしてしまった。まだ新チームを模索している段階で、弱いはずのアルバニアにまさかの引き分けに持ちこまれ、予選落ちしてしまったのだ。

1974年の自国開催ワールドカップまでには、1970年メキシコ大会、1972年ヨーロッパ選手権と重要な大会が待ちかまえている。失敗が続けば、いくら連盟内の実力者ノイベルガーが友人であるとはいえ、クビになる可能性もないわけではない。成績がともなわなければ代表監督の座にとどまることはできないのだ。こうして、次の１９７０年ワールドカップ予選は失敗が許されない状況となり、シェーンは、より強いプレッシャーのもとに置かれることとなった。

前代表監督ヘルベルガーとシェーンの時代には、２つの大きな違いがあった。ひとつは、１９６３年に全国を統一したプロリーグ（ブンデスリーガ）ができたことである。

ヘルベルガー時代には、各地方でのリーグ戦が主体で、選手はセミプロかアマチュアであった。代表監督は、全国に目を光らせ、情報を収集し、特定の選手個々と連絡をとって彼らのコンディションを保つために心を配らなくてはならなかった。

プロ化されたブンデスリーガでは、そういったコンディション調整は、そもそも選手の所属しているクラブの課題である。しかも全体のレベルは急速に上がり、フランツ・ベッケンバウアーやヴォルフガング・オヴェラートといったワールドクラスの選手も出現していた。その気になれば、代表チームを２つつくれるほど選手が豊富になってきたのである。シェーンは、「選択肢が多いゆえの悩み」を抱えることとなった。

もうひとつの大きな違いは、選手たちの気質の変化である。ヘルベルガーの時代は、選手のほとんどが戦争体験者であった。軍隊に行った者も多く、上からの指令を忠実に実行することには慣れている。年長者に対する敬意もまだ残っていた。

それにひきかえ、シェーンの時代の選手は、その多くが戦後の生まれである。ドイツ代表チームとして求められるプレーの質はさほど変わらないにせよ、ヘルベルガー時代とはまったく性格の異なる選手が相手となれば、また違った指導法が必要であった。ひとりひとりが一言居士の選手たちを、どうやってチームとしてたばねていけばいいのか。シェーンはその点をうまく把握していた。前任者のヘルベルガーに比べ、シェーンは選手を管理しない監督といわれた。これは、彼自身の性格もあるのだろうが、持ちゴマである選手の気質の変化にうまく合わせた結果に思える。

◎ 最強チームのつくり方―シェーンの選手選考方法 ◎

西ドイツを4回のワールドカップに導き、本大会での最多勝利記録となっている16勝を挙げた監督シェーンは、ナショナルチームのつくり方を明確に自覚していた。

「サッカーの理想のチームは、南米の個人技と欧州の組織プレーの融合である。そして、オールスターのベスト・イレブンを並べるだけでは、よいチームはできない。中心となる選手とそれを補佐する選手の組み合わせのほうがよりよいものになる。11人のペレ、11人のベッケンバウアーではワールドカップは勝ち抜けない」

選手の管理方法は異なるにせよ、このコンセプトは、1960〜70年代に日本のプロ野球で9連覇を成し遂げた川上哲治監督時代の巨人と相通ずるものがある。川上も、王貞治、長嶋茂雄という

2人の名選手を軸に、小技のきく柴田勲、高田繁、土井正三、黒江透修といった選手を周囲の脇役に配して常勝チームをつくっていった。

代表監督の役割は、クラブ監督のそれとはだいぶ異なる。新しい才能を発見することよりも、いろいろなチームから、さまざまな選手をピックアップして、組み合わせることに重点が置かれる。シェーンは、アンテナを高く広く張りめぐらして情報収集を行った。テレビ、ラジオ、新聞に注目する。ブンデスリーガの監督たちに、新人や中心選手の最新のコンディション状態を報告してもらう。スタッフも、手分けして各地の競技場に足を運んだ。

シェーン自身、毎週土曜日には、ブンデスリーガのいずれかの試合を見にいった。特別に観察する選手を前もって決めておき、目的をもって眺めた。しかも、なるべくアウェイゲームの悪条件のなかでどういうプレーをするかをチェックした。たとえば注目する対象選手がフォワードであれば、ブンデスリーガでも1、2を争うほど激しいマークをするディフェンス選手のいるチームと、敵地でどんなプレーをするかを見にいくのである。

ひとりひとりの選手を観察する基準は、次のようにはっきりと決まっていた。

(1) ボールをもったときに、何ができるか。テクニックはどうか。片方の足しか使えないのか。それとも両足利きか。

（2）体調はどうか。スピードはどうか。動きは俊敏かどうか。ジャンプ力はどうか。パワーはどうか。パワー不足で、1対1の戦いで簡単に敗れていないか。

（3）味方がボールをもったときの動きはどうか。敵にボールがわたったときの動きはどうか。

ボールをもったときにしか目立たない選手は、フィールド全体を見渡す広い視野が欠けていることが多く、ひとりよがりのプレーをする者が多いというのが、シエーンの見方だ。

当たり前といえば当たり前で、今でも、どこの国でも、そしてどんなチームでも通用する基本中の基本であろう。将来、Ｊリーガーや日本代表選手を目指す子供たち、あるいはそれを指導する人たちにも参考になると思う。

ただひとつシエーンが参考にしなかったことがある。それは、サッカー雑誌や新聞等に載る「選手の出来をチェックした採点表」であった。

現在の日本のスポーツ紙や専門誌も採点を載せているが、地方色の強いドイツでは、シエーンが監督をしていた当時、地元記者の我田引水もまた強烈だったらしく、地元紙はついつい地元選手に対して甘い採点を掲載する傾向があったようだ。この種のものは、お遊びとしては面白いものの、「チームづくりはまた別」というのがシエーンの考え方であった。

◎「爆撃機」ミュラー登場◎

シェーンは、次世代の中核となるべき若い選手の発掘にかかった。１９６６年ワールドカップ以降、何人もの候補を試してはみたものの、彼らには代表選手に必要な独特の個性が欠けているように思われた。

そんなある日のこと。シェーンのもとにミュンヘンから電話が入った。「ＦＣバイエルンにちょっとした選手がいるので、一度見てほしい」というのである。そして、ミュンヘンに飛んだシェーンが見たもの、それはただ唖然とするばかりの光景であった。ドイツ人にはめずらしい真っ黒な短髪、サッカー選手とは思えないほど小柄でズングリムックリとした体躯、そのうえとてつもなく太い大腿部をもったセンターフォワードがフィールドを走りまわっていた。名をゲルト・ミュラーといった。

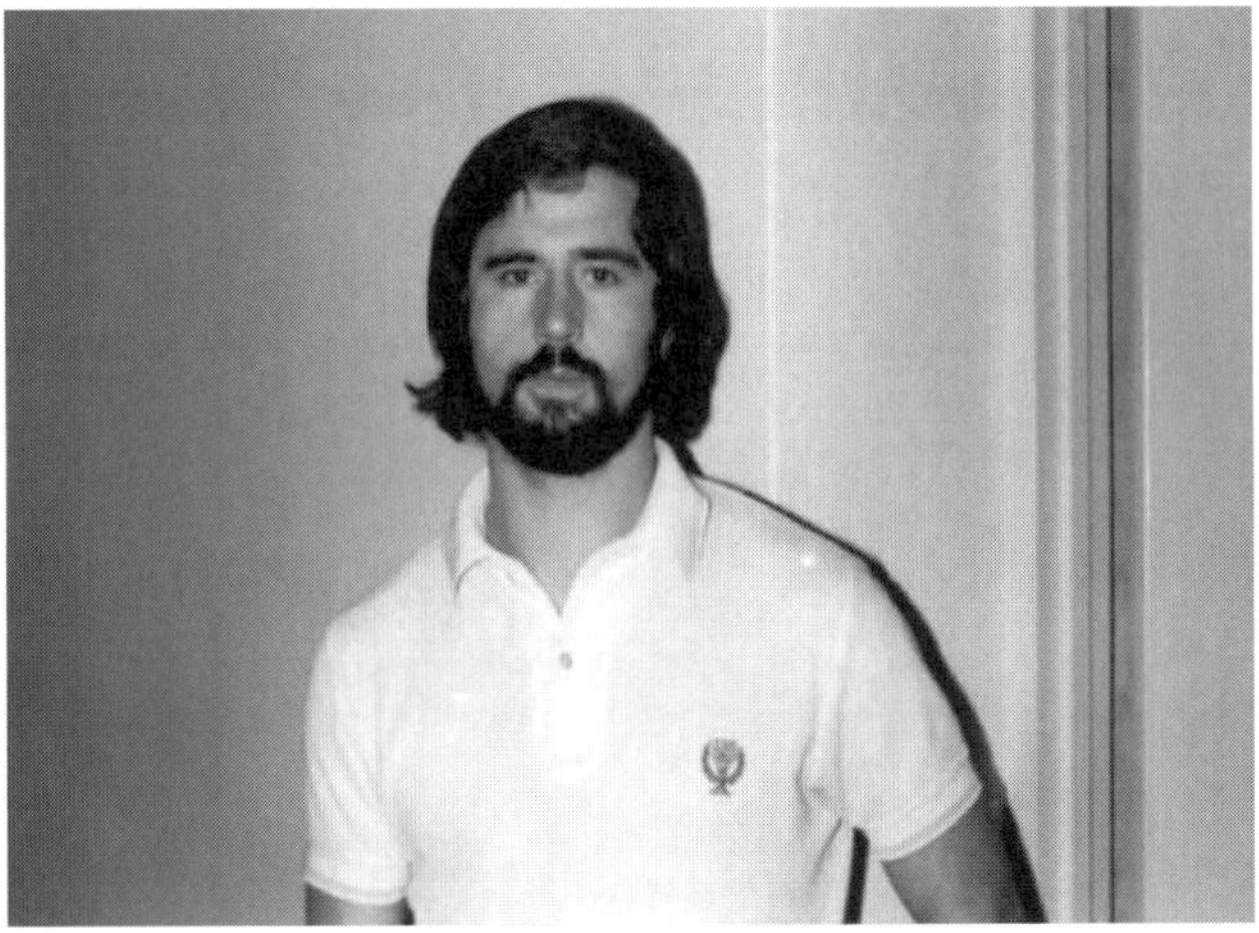

▲初来日時のゲルト・ミュラー（1975年、安田傳司氏提供）

シェーンは、ひと目でミュラーの才能を認めたわけではなかった。何しろ、西ドイツ代表のセンターフォワードには、チームのキャプテンで国民的英雄ともいえるウーヴェ・ゼーラーがいるのである。それにミュラーは、同じFCバイエルンのチームメートであるフランツ・ベッケンバウアーのような美しくボールを扱えるテクニックをもっているわけでもない。ただ、シェーンには、気になる選手のひとりとして印象に残った。

当時のミュラーは、専門家の間でも評価が分かれていた。「あいつはすごい」という意見もあれば、「あれはものにならないよ」と酷評する者もいた。スランプで何試合か無得点が続くと、口さがない評論家は「それ見ろ!」ということになる。ところが次の試合で、ミュラーはボンッ、ボンッ、ボンッと爆発し、一気に3点、4点を挙げる活躍を見せる。となれば、うるさい評論家も一時黙らざるを得ない。その繰り返しであった。

シェーンは、FCバイエルンが強い守備陣をもつチームとアウェイで当たるときのミュラーに注目するようになり、だんだんと彼の持ち味に気づいていった。ミュラーは、ペナルティエリアやゴールエリアの中で異彩を放つゴールゲッターだった。味方のシュートの跳ね返りであろうが、敵のクリアボールであろうが、ゴール前の混戦からボールがこぼれると、不思議とミュラーが「そこにいる」のである。得点を嗅ぎつける独特の嗅覚を、本能的にもっているというしかない。

彼の得点は、オーバーヘッドキックや地面すれすれのダイビングヘッドでダイナミックなゴールを決めるゼーラーとは、スタイルの点でおおいに異なっていた。ミュラーは、とにかく相手より早くボールに到達して、転がしこんだり、チョコンと蹴りこんだり、すべりこんだり、足や頭やスネに当てて押しこんだり、ヒョロヒョロと流しこんだり……と、どんな体勢からでも点を入れるのだった。

ゲルト・ミュラーは、１９４５年11月３日、ドイツ南部バイエルン州のネルトリンゲンに生まれた。ネルトリンゲンは、今も中世の城壁がそのまま残された小さな町で、ドイツ有数の観光ルートである「ロマンチック街道」沿いにある。運転手をしていた父親と母、兄がひとり、姉が２人という６人家族で、ミュラーは末っ子であった。兄のハインツが、地元のＴＳＶ１８６１ネルトリンゲンに入っていたことから、ミュラーも自然に同チームに所属することに

▲1960年代のFCバイエルンのホームスタジアム（ミュンヘン、グリューンヴァルト通りの競技場）

なる。

14歳で義務教育を終えると、そのまま市内にある紡績工場で織工見習いになった。仕事には早番（6時から14時半まで）と遅番（14時半から23時まで）があり、1週間ごとのローテーションで繰り返される。ミュラーは上司に「いつも早番でやらせてもらえませんか？」と頼んだ。遅番の週になると、午後のクラブの練習に参加できないのだ。チーム内で中心選手になり、ますますサッカーが面白くなってきたころである。17歳のときには、1962年から63年にかけての1シーズンで、チーム総得点204のうち180点がミュラーのゴールというすさまじさである。それでも、上司の答えはそっけなかった。「例外は認めない」

ミュラーはどうしたかというと、それならと、せっかく織工としての資格試験に合格しながら、サッカーを優先して転職をはかったのである。同じネルトリンゲン市にある溶接工場で、また見習いから始めた。「もったいない」という声もあったが、ミュラーにとってそんなことは問題ではなかった。「午後の練習に出られるかどうかが肝心だった」と、彼の自伝（『ゴールを決めろ』Tore entscheiden, Copress社刊）にはある。

そんなミュラーに、同時に目をつけたのが、ネルトリンゲンから南東に100㎞離れた大都会ミュンヘンに本拠を置く2つの伝統クラブ、1860ミュンヘンとFCバイエルンだった。今でこそFCバイエルンのほうが有名だが、当時はむしろ1860のほうが強かった。フォワードにはドイツでもトップクラスの選手たちが並んでいた。折しも西ドイツ全土を統括するブンデスリーガが１９６３年に創立され、どのチームも優秀な選手を求めている時期だった。

ミュラーは考えた。「ブンデスリーガの１８６０には有名選手がそろっている。それにひきかえ、バイエルンはいまだブンデスリーガに昇格できず、地域リーグだ。これではスターを買う余裕もないだろう。レギュラーになる可能性はバイエルンのほうが高い」。こうして、後に「国の爆撃機」「世界の得点王」と絶賛されることになる稀代のゴールゲッターは、伝統こそあれ、まだ地方の1チームにすぎなかった当時のＦＣバイエルンで、本格的なプロ選手への道を歩み出したのである。自らを生かせるチームを嗅ぎ分ける能力も優れていたということか。

ミュラーの選んだＦＣバイエルンには、同い年のフランツ・ベッケンバウアーがいた。このベッケンバウアーのＦＣバイエルン入団にもエピソードがある。彼は、１９４５年9月11日に、ミュンヘンの庶民が住む一画であるギージングに生まれた。父親は郵便局勤務。男の2人兄弟で、フランツは次男である。ヴァルターという名の兄がいる。

第2次大戦の空襲により瓦礫となった町で、子供の遊びといえばサッカーしかない。車の往来もまったくといっていいほどない時代である。フランツ少年は、毎日のように家の近所の路上で、仲間と草サッカーをしていたという。革製の本物のボールは貴重品で、テニスボールで遊ぶことが多かったようだ。時には、紙切れやボロを丸めて布にくるんだだけの「ボール」や空き缶を蹴っていたともいう。ひとりのときは、毎日同じレンガ塀の同じ箇所にボールをぶつけていたので、レンガにくぼみができたという逸話もあるそうだ。

少年時代の彼のあこがれのチームは1860であった。友人たちと、いずれは1860に入団することを約束し合っていた。ところが、当時ベッケンバウアーの所属していた少年チームが、1860の少年チームと対戦したとき、彼は試合中に相手選手と喧嘩になり、殴られてしまった。彼は気持ちを変えた。「あんなクラブには行かない」

かくして、「ボンバー（爆撃機）・ミュラー」と「カイザー（皇帝）・ベッケンバウアー」は、FCバイエルンで出会い、ともにドイツサッカーの黄金時代を築いていくのである。

◎ その後のゼーラー ◎

一方、1966年のワールドカップ準優勝のあと、ウーヴェ・ゼーラーは不振に陥っていた。背中のケガが彼を苦しめた。コルセットをつけて試合に出たこともある。センターフォワードは特に最前線で身体を張るポジションだ。常に相手ディフェンスの標的にされ、激しいチャージを受ける。1936年生まれのゼーラーは、すでに30歳を超えていた。試合中に、「おじいちゃん、大丈夫かい」と、相手選手から声をかけられることもあった。所属するハンブルクSVの調子も悪く、ブンデスリーガの中位をウロウロしていた。クラブの試合、代表ゲーム、そのための練習、さらにセミプロ時代から担当しているスポーツ用品メーカー北部ドイツ・アディダスの代理人としての仕事が加わる。ゼーラー自身、次第にサッカーに疲れてきていた。

ゼーラーにとって妻のイルカがよき相談相手になってくれた。妻との会話を通じて心を決めたゼーラーは、ヴィースバーデンのシェーンに電話をかけ、引退の意志を伝えた。

「1968年4月に予定されているスイスとの親善試合を最後に代表から退きます」

シェーンは慎重だった。一気にことを運ぶのを避け、しばし熟考の後、電話口でこういった。

「まあ、そういうことにしておこうか。でも、私には最終的結論とは思えないな。この直感に間違いはないと思うが……」

「いえいえ」とゼーラーは答えた。

代表からの引退を宣言したゼーラーは、緊張と責任から解放され、くつろいでいた。その間、西ドイツ代表チームは、1970年メキシコ大会に向け予選を消化していった。キプロス、オーストリア、スコットランドと同じ組に配属されたこの予選では、西ドイツとスコットランドの一騎打ちになることが予想された。1969年4月にグラスゴーで行われたアウェイゲームは「1対1」の引き分けに終わり、その後、両チームとも順調に勝ち点を増やしていた。

そして、いよいよドイツのホームで行われる直接対決で雌雄を決することになった。試合会場はハンブルクのフォルクスパルク競技場。ハンブルクSVの本拠地である。ゼーラーは落ち着かなくなってきた。自分の居間ともいえるスタジアムでの試合に、観客席からドイツ代表の試合を見るなんて……。

ゼーラーの気持ちの変化の陰には、シェーンの作戦があった。引退表明をしたゼーラーに、シェーンはそれまで以上の電話攻勢に出ていたのである。代表の前監督であるゼップ・ヘルベルガーからも頻繁に連絡があった。体調や家族のこと、ペットの犬の話など、さりげない会話のなかに、翻意をうながそうとする努力が感じられた。

さらに驚くべきことには、ドイツ代表の試合が行われるたびにゼーラーは貴賓として招かれたのである。スタジアムに行くと、ベッケンバウアーやオヴェラートがほほえみかける。ゼーラーには彼らが「代表ゲームがないと退屈でしょう?」とでもいっているかのように思えた。それまで、必ずしも常に意見が一致していたとはいえないシェーンとヘルベルガーが、この一件に関しては、みごとに一枚岩となって、引退を撤回させようとしている……、ゼーラーにはそう感じられた。

そして結論からいえば、ゼーラーはついに気持ちを翻して、代表に復帰したのである。シェーンは大満足であった。ところが、ここに大きな問題が持ち上がった。すでに代表チームのセンターフォワードとして地歩を固めつつあったゲルト・ミュラーとウーヴェ・ゼーラーのレギュラー争いだ。ゼーラーかミュラーか。ドイツのスポーツマスコミは、ここぞとばかりに2人のライバル関係をあおった。シェーンは、新たな悩みを抱えることになった。

第3章

1970年ワールドカップ・メキシコ大会

◆メキシコ・西ドイツ両大会で
活躍したミュラー
メキシコ大会では得点王

1. メキシコ目指して

◎ ゼーラーかミュラーか？ ◎

ヘルムート・シェーンは、１９０㎝を超す大柄な人物である。身体が大きく、おおらかな人柄に見えながら、同時代の人たちが一様に伝えるところではとても繊細な人物であったという。細かなことに気を配り、また小さなことが気になるタイプであった。

彼は、「売らんかな」のために大げさな見出しを掲げる新聞や雑誌記事には、常に閉口していたようである。「(あることないことを書く) 低俗紙は読まない」と語っていたそうだが、その実きちんと目を通していたという証言もある。

そんなシェーンにとって、１９７０年ワールドカップの予選突破に向け、センターフォワードの座をめぐって「ゼーラーかミュラーか」と書き立てられることは心外であった。「ゼーラーかミュラーか」ではなく、「ゼーラーとミュラー」の併用は可能であるというのがシェーンの意見だった。ゼーラーやミュラーのような一流選手が、互いに協力し合えないはずはないというのだ。しつこいほどのマスコミの攻勢のなかで、シェーンはだんだん苛立ってきた。

ところが、シェーンより先に神経がまいってしまったのが、当事者のミュラーだった。ウーヴェ・ゼーラーの地元ハンブルクでの試合になると、ミュラーに対して「ウーヴェ、ウーヴェ」といやがらせのシュプレヒコールが沸き起こる。ミュラーがミスをすると、すかさず「ウーヴェ、ウーヴェ」である。ゼーラーにしろミュラーにしろ、個人的には敬意をもち、互いを認め合っているのだが、新聞紙上では敵のように扱われてしまうのである。そして、とうとうマスコミの挑発にのって、ミュラーがこう言い出してしまった。

「シェーン監督は、ゼーラーかオレか決断すべきだ」

シェーンには、これが気に入らなかった。ある日、フランクフルトのドイツサッカー連盟（ＤＦＢ）本部に、ワールドカップ・メキシコ大会の代表候補が集まった機会をとらえて、ミーティングの席上、全員の前でミュラーを叱った。

「ミュラー君。あなたは『ゼーラーかミュラーか』といっているそうだが、あなた自身がまだメキシコに行けるかどうかもわからないんですよ。決定はこれからなんだからね。私だったら、そんなもの言い方はしないけどね」

ドイツ語では、２人称の「あなた、きみ」に相当する表現が二通りある。初対面の人や目上の人に対して一定の距離を置くていねいな言い方（敬称）と、家族、友人、恋人など親しい間柄での言い方

（親称）であり、それによって互いの関係がはっきりする。このときのシェーンは、意図的に“Sie”という敬称を使った。ていねいな言い方ということもできるが、ふだん親称を使っている相手に対し、急に敬称を使うのは異例であり、他人行儀なひびきになる。ミュラーは、目を丸くしてシェーンを見た。ミーティングが終わると、別室にコーヒーの用意ができていた。シェーンは、ミュラーの隣に座り、今度はいつものように親称“du”で話しかけた。

「わかってくれたかい」

ミュラーの答えはまことに彼らしく、率直なひと言だった。

「ぼくが間違っていました」

「ゲルト、それでいいんだよ！」

◎ 対スコットランド決戦 ◎

1969年10月、ハンブルクのフォルクスパルク競技場。ワールドカップ・メキシコ大会への出場をかけたスコットランド戦である。シェーンは、ゼーラーとミュラーの併用を貫いた。それまでに何度か2人をいっしょに起用して、そのマイナス面もわかっていた。センターフォワードは、ゴールをねらうのに最適の場所を本能的に心得ている。当初は、ゼーラーとミュラーがあまりに接近しすぎてしまう場面がよく見られた。シェーンは、2人がどうすればうまく機能するか、頭のなかで何度も考えをめぐらした。その結果、主将のゼーラーにこう説明した。

「ウーヴェ、きみは前線から一歩引いてくれないか。下がり目に位置して、中盤の役割も受け持ってくれ。ゲルトに前方のスペースをつくるためだ」

ゼーラーは納得した。シエーンは、あらためてゼーラーの人間的な大きさを感じた。

決戦は、息の詰まるような出だしとなった。開始3分でジミー・ジョンストンに決められ、スコットランドに先制を許したのだ。その後も守備陣が安定せず、やきもきする時間帯が続く。ようやく38分になってシャルケ04所属のディフェンス選手クラウス・フィヒテルが同点ゴールを決めた。

それでもドイツが優位に立ったとはいえなかった。スコットランドの早めのチェックに苦しみ、ギクシャクとしていた。そんな後半15分、いきなりゲルト・ミュラーがやってくれた。「いつのまにかそこにいて」決めた、彼独特のゴールだった。2対1。ドイツのリード。記者たちは電話口で叫び、実況のテレビは「メキシコ行きが決まりそうです」と伝えた。

ところが2分後、スコットランドはアラン・ギルジーンのゴールで同点に追いつく。ふたたび押しつ押されつの攻防が続く。この間、何度か危ない場面があり、そのつどドイツ応援団は息を飲んだ。後半も残り10分が近くなったころ、中盤の戦いでヘルムート・ハラーがボールを奪い取った。斜めのパスが前方のラインハルト・リブダに通る。リブダは語る。「かなり消耗していたが、ハラーからボールがきたとき、フリーのスペースが見えた」。ボールを受けたリブダは、一気に加速した。背後にマーク相手のトミー・ゲミルの気配を感じた。ファウルしてでも止めにくるな……そう思って飛び上がった。ゲミルのタックルは空を切った。さらに何mか走ると、ゴールキーパーが必死の形相で飛び出してきた。リブダは、キーパーをかわすようにシュートし、ゴールを決めた。

ハンブルクの観客は大騒ぎとなった。リブダが喜びのあまり、ピッチででんぐり返りをすると、何人かのドイツ選手がそれに続いた。「私もできればそうしたい気持ちだった」とはシェーンの述懐である。3対2。ドイツは、前回に続いて予選を突破し、ワールドカップ本大会への出場を決めた。どんよりとしたハンブルクの秋の日だった。

◎ リブダのこと ◎

予選で大事な決勝点を決めたラインハルト・リブダは、戦争さなかの1943年10月10日に生まれた。一家はルール地方の炭鉱町ゲルゼンキルヘン(シャルケ04の本拠地)に住んでいたが、空襲で焼け出されていたため、彼は疎開先で生を受けた。

戦後、父親パウルはふたたび炭鉱で働き、余暇にサッカーを楽しんでいた。そんな父の目には、ラインハルト少年の才能がはっきりと見てとれた。「あいつにはサッカーの血が流れている」と父は感じていた。小さなころから、とにかくボールをもたせれば天性の素質を示し、特にドリブルには光るものがあった。

11歳のときには、シャルケ04に入団。14歳で中学を終えると機械工の見習いとなり、仕事のかたわらサッカーを続けた。1962年、弱冠18歳で1軍にデビュー。このシーズン25試合に出場して8点を挙げている。学校の勉強は苦手だが、サッカーをさせれば誰よりもうまい。そんな彼をシャルケの人たち、そしてルールの炭鉱町の人たちは愛した。

翌1963年は、ドイツサッカーにとって記念すべき年となる。全国統一のプロリーグ「ブンデスリーガ」が創立されたのだ。リブダは、当然のようにプロ選手となり、同年9月には、20歳で代表に初選出された。イングランド伝説のウィング、スタンリー・マシューズばりのフェイントを得意とするリブダに、いつしか「スタン」というあだ名がついた。

シャルケが2部落ちの危機に陥った1965年、リブダは隣町の強豪ボルシア・ドルトムントに移籍。ここで1966年「ヨーロッパ・カップ・ウィナーズカップ（現在はUEFAカップに統合されている）」に優勝する。この間、町一番の美人と評判のギゼラと結婚、一子マティアス・クラウディウスも生まれた。1968年には古巣シャルケに復帰。未来はバラ色に思われた。

ところが彼には弱点があった。精神的に弱く、むら気が多いのだ。今日素晴らしいプレーをしたかと思うと、次の試合ではどこにいるかわからない……というようなことがたびたびであった。特に奥さんのギゼラに関する野次が飛ぶと、それだけで動揺してしまうというもろさがあった。天才肌で監督泣かせの選手である。

メキシコ大会以後の話になるが、ブンデスリーガに大騒動が起こった。１９７０／７１シーズンも閉幕が近いころ、成績が悪く2部リーグ降格を噂されたあるクラブが、対戦相手のチームに八百長試合をもちかけたのである。この目論見が発覚し、関係した複数のクラブはきつい処罰を受けた。残念なことにリブダが主将を務めていたシャルケもそのひとつであった。多くの選手が、当初その事実を否定したことが仇となり、最終的には「偽証罪」に問われた。なかには永久追放になった選手もいる。「ブンデスリーガ・スキャンダル」と呼ばれる、ドイツ版「黒い霧」事件である。

その後恩赦が下り、ほとんどの選手がふたたびフィールドに復帰できたのだが、サッカー界への信頼は地に落ち、観客数は激減した。リブダにもかつてのプレーは戻らず、わずかの金のために、信頼とその後の選手生命を棒にふった形になった。１９７４年9月、シャルケ０４対フォルトゥナ・デュセルドルフ戦が、リブダの最後の試合となった。シャルケの選手としてブンデスリーガ１９０試合に出場、20得点の成績が残った。

引退したリブダに、あたたかい手を差し伸べてくれる先輩がいた。戦時中のシャルケ黄金時代を支えた中心選手のひとり、エルンスト・クッツォラだ。１９７５年1月、クッツォラは自らが経営していたタバコ屋をリブダに引き継いだ。タバコだけでなく、サッカークジ（トト）も扱う店であり、それなりの収入が見こめ、食うには困らないはずだった。

リブダには、思い出がある。高校時代サッカー部でウィングをしていた私にとって、同じポジションで「ドリブルの名手」として有名なリブダは、あこがれの選手のひとりだった。1978年7月、当時ルール工業地帯の町ボーフムに留学していたとき、こんな新聞記事が目に止まった。

「ペレがシャルケにやってくる！」

地元「西部ドイツ新聞（WAZ）」の報道だった。「サッカーの王様」ペレが、アメリカで短期の少年サッカースクールを開校し、シャルケからも何人かの子供を招くという企画である。「近日中に選考会。審査員はペレ！」とあった。

シャルケのあるゲルゼンキルヘンは、ボーフムの隣町である。私は半信半疑ながら、当日いそいそと出かけていった。会場は、かつてのシャルケのホームスタジアムで、新しいホームであるパルク競技場（パルク・シュタディオン）ができてからは練習場として使用

▲リブダの経営していたタバコ店（シャルケ、1978年）

されていたグリュック・アウフ競技場（グリュック・アウフ・カンプフバーン）だった。炭鉱では、仲間うちのあいさつに「グリュック・アウフ（無事で上がって来いよ！）」という言葉を使う。それがそのままスタジアムの名称になった。いかにも炭鉱町らしい命名だ。

市電に乗って小1時間。電車にはジャージ姿の少年たちが大勢乗っていた。年配の乗客のひとりが声をかける。「おにいちゃんたちは、ペレ（の選考会）に行くんだろう？」

車内での大人と子供たちの会話からわかったことは、WAZ紙の記事とは異なり、審査員はペレではなく、リブダが務めるとのことだった。ペレが来ないのは残念だが、伝説のリブダに会える。それだけでワクワクした。

市電を降りると、停留所の角に、噂に聞くリブダのタバコ屋があった。角を曲がるとすぐ先に競技場。子供たちの数は100人にものぼった。当時のシャルケ04会長ギュンター・ズィーベルトといっしょにリブダが姿を現す。現役時代よりいくぶんふっくらとした顔立ちに見えた。サインと写真をお願いすると、こころよく応じてくれた。その後、何度もシャルケを訪れたが、リブダに会えたのはこの1回きりであった。店に入れば話ができるかな……と考えたこともあるが、ことさらの買い物もないため気がひけ、表から店の写真を撮るだけにした。

リブダは、無口でいつも不安気な表情をしていた。素晴らしい才能をもちながら、どこか自信がなさそうだった。左へ出るとみせかけ右に抜いて行く「マシューズのフェイント」をさせれば、本家スタンリー・マシューズよりうまい……とまでいわれた〝スタン〟・リブダ。

けっきょく、「タバコ屋の主」は、リブダの性に合わなかったのだろう。1983年、昔の選手仲間の家族にその店を譲ると、同年、私生活でも離婚。そして、失業。元スターに誰も注目しなくなったころ、職業安定所を訪れる彼の写真が報道されたこともある。1986年、紙のリサイクル会社に就職。それもつかの間、1992年には咽喉ガンが見つかり、翌年に手術。そして1996年8月25日死去。52歳であった。

彼の死後、ブンデスリーガの歴史を振り返るテレビ番組で、ゲストとして出演していた1970年代の世界的な名手ギュンター・ネッツアーは、リブダ

▲ラインハルト・リブダと（1978年）

とその人柄を評して「第一級の人物」とたたえた。生前からすでに「シャルケの伝説」となっていた彼を、ファンはこう評した。

「誰も神を避けることはできない。リブダを除いては……」

その鋭いフェイントで、神様や幸運までも自らすり抜けてしまったような彼の人生であった。

◎ 周到な準備 ◎

シェーンには、メキシコで行われる1970年ワールドカップ本大会に向けて、万全の準備をしたという実感があった。主将のウーヴェ・ゼーラーにゲルト・ミュラーという2人のストライカー。彼らを生かすチャンスメーカーとして、ラインハルト・リブダ、ユルゲン・グラボフスキ、ハネス・レーア、ズィギィ・ヘルトという4人のウィング選手。中盤を受け持つのはワールドクラスに成長したベッケンバウアーとヴォルフガング・オヴェラート。それにベテランのヘルムート・ハラーが加わる。守備陣はシュネリンガー、シュルツ、ヘッティゲス、ヴェーバーの1966年組に加え、ダイナミックなベルチ・フォクツ、どこのポジションもこなせるクラウス・フィヒテル。ゴールキーパーは、ゼップ・マイヤー。バランスのとれた構成である。以上のメンバーを中心に、リザーブ選手も含め22人を選抜した。

予選を突破してから、すでに一度現地入りして宿舎の視察もすませていた。寝室のチェックでは難点を見つけた。日本のホテルでもよく見られる型の、毛布をマットの下にきっちりとはさみこむ方式のベッドだった。ドイツ人は、これが嫌いなのだ。身体をもぐりこませるようにしなくてはならないあの窮屈なベッドでは安眠できない、という声を聞いたことがある。ドイツの一般のホテルでは、ベッドの上にたたんだ毛布が置かれている。ふだん掛け布団を使うことの多い日本人も、このドイツ方式のほうがくつろげるのではないか、といつも思う。ドイツ代表チームは、さすがに手慣れたもので、そのような細かなポイントにも配慮し、使い慣れた毛布を大量にメキシコに送った。

食事にも配慮した。１９６６年イングランド大会でもそうだったのだが、スポーツ選手の料理に精通した名コック、ハンス・ゲオルク・ダムカーを同行させ、また大会期間中に必要となる食材をすべて手配した。たとえばダムカーは、オヴェラートのように魚と鳥肉が苦手な選手のことも万事心得ていた。

選手たちに特に強調したのは、下痢に対する予防法だった。これには苦い経験があった。１９６８年暮れに行った中南米遠征の際、ベッケンバウアーが、ある試合の前半途中でいきなり離脱したのだ。アステカ時代のメキシコの皇帝の名をとって「モンテスマの復讐」と呼ばれる、悪質な下痢であった。ワールドカップでそのような事態が起きては、取り返しがつかない。

「水道水を飲むことは厳禁。歯を磨くときもだめ。飲み物に氷を入れるのも禁止。皮をむいていない果実や生野菜もだめ」という具合に、徹底した指示を出した。

このような用意周到さは、さすがドイツというべきである。シェーンに限らず、ドイツ人はすべてに計算づくで、長期的な展望に立って準備をしていく。「ワールドカップでは、よい宿舎が見つかれば、半分もらったも同じ」とは、前任者ヘルベルガーの言葉である。

準備のプロセスでは、計算外のことも起きた。メキシコ用に考えていた人物のうち2人がだめになったのだ。ひとりは名手ギュンター・ネッツアーである。代表の最終合宿を2カ月後に控えたブンデスリーガの公式試合で、大腿部を痛めてしまった。ケガ自体はさほどひどくなかったものの、所属チームのボルシア・メンヘングラットバッハが、初優勝への道を突き進んでいる大事な時期であったため、主将のネッツアーは注射をして無理にゲームに出続けていた。これが災いし、コンディションを崩してメキシコ行きの22人からもれてしまった。シェーンは、「きみにはまだ未来がある」という慰めの意味をこめて、ネッツアーを「23番目の男」とした。

もうひとりはコーチのウド・ラテックだ。シェーンがメキシコ視察に出かけていた留守の間に、FCバイエルンと契約し、監督に就任してしまった。協会専属のコーチより、クラブ監督のほうがはるかに収入はよい。ラテックにはラテックなりの事情があったにせよ、シェーンにとっては、考えもしないことだった。

アシスタントコーチの後任にはユップ・デアヴァル（1927—）が選ばれた。デアヴァルは、1964年からザールラント協会の専属コーチを務めており、いわばシェーンの後輩筋にあたる。彼はデトマール・クラマーとも仲がよかった。その縁で、日本の誇るストライカー釜本が、1968年のメキシコオリンピックを前にドイツのザールブリュッケンにサッカー留学した際も指導にあたった。後にはシェーンのあとを継いで西ドイツ監督に就任し、1980年ヨーロッパ選手権優勝、1982年ワールドカップ準優勝という立派な成績をおさめることになる。デアヴァルもまた、名指導者のひとりといえよう。

2. 1970年1次リーグ

◎ 高地での戦い ◎

メキシコ・シティのような海抜2240mもの高地で大会が開催されるのは初めてだった。そのため、FIFAは、大会を前に入念な準備を行った。FIFAコーチのデトマール・クラマーを中心に医学班や審判団を集め、さまざまな問題点を議論した。

スウェーデンの医師からは、暑さ対策として試合中の水分摂取が提案され、ゲームが途切れたときだけという条件つきで、補給が許されることになった。

毎試合2人までの選手交代も認められた。これは、高地特有の酸素の少ない空気に苦しむヨーロッパの選手には好都合であった。また、前回のイングランド大会では、審判のジャッジをめぐって多くの問題が起こったため、この大会から、ルールに関する意思統一がなされ、警告や退場を意味するイエローとレッドのカードが導入された。選手交代やカードについては、すでに2年前のメキシコオリンピックでも試験ずみであった。


ドイツチームはさまざまな情報を集め、対策を練っていった。ケルン・スポーツ大学の教授は、「一日でも長く現地にいることがいい」とアドバイスしてくれた。しかし、シェーンは長年の経験から、あまりに長い合宿生活は、選手にとってかえってマイナスであると考え、ギリギリまで国内での基礎準備に費やした。

こうしてドイツ北部のマレンテで最終合宿をしたチームは、開幕の2週間前に現地入りした。事前の視察で、宿泊先は、1次リーグを戦う標高1817mのレオンに近いコマンチラと決まっていた。砂漠のなかのオアシスといったふうの湯治場で、ここも1885mの高地である。

ホテルのオーナー、カール・ガブリエルはヘッセン地方出身のドイツ系であり、ナチスの時代にメキシコに逃れてきたという。彼は、ドイツチームのあらゆる望みをかなえるべく尽力してくれた。

それでもハプニングが起きた。入国の際に、メキシコ当局が厳格な輸入規制をたてに、チームが持参した肉類をすべて没収してしまったのだ。料理シェフのダムカーは、一計を案じた。彼は地元の農夫から雌牛を1頭買い取り、夜、ホテル近くの野外で畜殺したのだ。まるで冒険映画の1シーンである。主催者から公に提供される量では、どうしても足りなかったからである。

準備万端と考えていた監督シェーンの気持ちとはうらはらに、選手たちは調整に苦しんでいた。1969〜70年の厳冬の影響で延期になったゲームが多く、ブンデスリーガの公式試合がずれこみ、過密日程になった。代表選手たちは、激しいシーズンの終盤戦と並行して、ワールドカップの準備にとりかからねばならなかった。4月から5月にかけては3試合の親善試合もこなした。4月8日は対ルーマニア（1対1）、5月9日は対アイルランド（2対1）、5月13日は対ユーゴスラビア（1対0）と、ホームゲームにもかかわらず、かんばしい成績ではなかった。中心選手のひとり、ヴォルフガング・オヴェラートによれば、「表面では平静をよそおっても、本音では『1次リーグを突破できれば上出来』と話し合っていた」という。

現地では、8時間の時差に高地特有の酸素の少ない空気と、まったく異なった環境への順応が必要であった。特に暑さが予想以上だった。「こんな猛暑のなかでプレーするなんて狂気の沙汰だ」とベッケンバウアーがいえば、「太陽が最大の敵」とオヴェラート。暑さには強いグラボフスキでさえ、短い距離のダッシュで「50kgのレンガ石をぶら下げているようだ」とコメントする。しかもヨーロッパへのテレビ中継を考慮して、ゲームによってはキックオフが昼の12時という異例の時間帯である。太陽が真上から照りつけ、気温は40度前後まで上昇する。

１９６６年大会で大活躍したヘルムート・ハラーは、ことに調整不足が目立ち、朝早くから個人的に特別訓練をするほどであった。それでもさすがに一流の選手たちである。個人差があるとはいえ、次第に動きに鋭さが見られるようになった。そんな折、チームを悩ませる問題が持ち上がった。

◎　シューズ戦争　◎

「プーマがまた騒ぎだした」……ある日、シェーンは、コマンチラでこんなセリフを耳にした。そのときには、選手間での他愛ないジョークだと受け止めていたが、主将のウーヴェ・ゼーラーが相談にくるにおよんで、ことの重大さを知ることになる。ゼーラーはいった。

「シューズのことで、チーム内に動揺が見られます！」

ドイツ代表チームの公式サプライヤーは「アディダス」と決まっていた。それを幾人かの選手が「プーマ」を履くことで臨時収入を望んでいるというのだ。

この一件はエスカレートし、ドイツ国内の新聞でも報道される始末であった。選手の言葉として、こんな見出しが躍った。「金をよこせ。さもないと帰国するぞ！」ドイツ代表の歴史でも、過去に例のない事態である。シェーンは選手を集めて言い放った。

「よく聞いてくれ。ここから20ｍ離れたところにヘルマン・ヨッホ君（ＤＦＢ役員）の執務室がある。帰国を望むものには、すぐ飛行機のチケットを発行する手はずになっている」

ざわめきが聞こえたが、立ち上がる選手はいなかった。

もともと、プーマとアディダスは兄弟である。ニュルンベルクに近いヘルツォーゲンアウラッハ生まれの靴職人であったルドルフとアドルフのダスラー兄弟が、それぞれ独立して起こした会社であった。ポイントねじ込み式スパイクを発案したのは、プーマのルドルフだったという説もある。どちらも世界的企業に発展し、二大スポーツ用品メーカーとして君臨していた。

シェーンには、このシューズ戦争がサッカーの商品化の始まりに思えた。プロの選手が報酬を得ることには賛成でも、その傾向が行き過ぎると、いつか企業側からの干渉や管理が起こるのではないか……。シェーンは、それを恐れていた。ともあれ、シェーンのひとことでシューズ戦争はひとまず落ち着き、いよいよ初戦に備えることになった。

◎　あわや……　◎

1次リーグの組み分けで、ドイツのグループ4には、モロッコ、ブルガリア、ペルーが配属されていた。上位2チームが準々決勝に進出できる。マスコミや専門家の間では、ドイツはクジ運に恵まれたという意見が大勢を占めていた。慎重なシェーンは、決してこの考え方にくみせず、対戦相手の3国は、いずれも暑さに慣れているチームだと主張した。16カ国しか出場できないワールドカップ本大会で、弱いチームやラッキーなクジ運などあり得ない、というのがシェーンの考えだった。初戦のモロッコは、未知数ながらアフリカ予選を勝ち抜いたチームなのだ。相応の集中力で望むことを選手に要求した。ところが思わぬ展開になる。

1970年6月3日。1次リーグ第1戦。ドイツチームの出来はさんざんであった。明らかに相手を見下したプレーぶりで、なかなかゴールが決まらない。逆にモロッコは、ドイツ守備陣とキーパーの連係ミスをついて、前半21分に先制した。ミュラー、ヘルト、フォクツが次々にシュートを放つが、惜しくも外れる。ハーフタイムまで、スコアは0対1のままだった。調子の出ないドイツの試合ぶりに、次第に番狂わせの予感が広がっていく。

シェーンは断固とした態度で指示を与えた。

「もっと速いプレーをしろ。このままではだめだ。主導権を握らなくては！　ハラー、きみはアウトだ。グラボフスキが入る。モロッコは時間かせぎにくるから気をつけろ」

このグラボフスキの投入で、新しい風がチームに吹きこまれた。後半11分、ミュラーのアシストでゼーラーのシュート。ゴール。1対1。同点。

さらに後半35分、オヴェラートからの縦パスを受けたグラボフスキがセンタリング。飛びこんだレーアのヘディングがゴールのバーで跳ね返った。しかし、独特の嗅覚でゴール前に詰めていたミュラーが、ヘディングで押しこむ。2対1。ワールドカップ本大会で初ゴールを挙げたミュラーは、小躍りしてよろこんだ。これでどうやら危機は脱したが、試合後の選手たちの意気は上がらなかった。

ドイツ国内では、大騒ぎが持ち上がっていた。きつい非難の嵐だった。デトマール・クラマーが、メキシコからドイツ第2テレビを通じて、シェーンの作戦の誤りを指摘したという情報も入ってきた。「同僚に似つかわしくない」と感じたシェーンは、その後しばらくクラマーとは口もきかなかったという。

そのようななかでは、次のブルガリア戦でスッキリとした勝利がほしいところだ。初戦でゼーラーとミュラーがそれぞれ1点ずつ決めたのは収穫ではあったが、チームの編成は変えなくてはならない。長年、代表チームに貢献したヘルムート・ハラーには、もうチャンスがなかった。テクニックのあるハラーのような選手を好むシェーンは、後にこう語った。

「ヘルムート・ハラーには、もっとよい形での代表チームからの引退を望みたかった」

◎ ムードづくり ◎

シェーンは、西ドイツ代表の前任監督であり、サッカーの師でもあるゼップ・ヘルベルガーから、チームづくりについて多くのことを学んだ。そのひとつが、「よい職場の雰囲気は、成功への前提条件である」ということだった。

ワールドカップでは、22人（現在は23人）もの大人の選手が何週間もともに生活し、戦うわけである。ものの考え方や、育った家庭環境、性格……すべてにおいて異なるさまざまの選手をひとつにまとめなくてはならない。

そんなチームづくりの段階で問題となるのは、補欠選手の扱いだ。特にワールドカップのような大会では、強いチームほどメンバーが固定されており、控え選手が出場できる可能性は低い。1970年大会から各試合2人までの交代が認められたとはいえ、大会を通じて一度も試合に出られない選手も多い。

シェーンはその点にも配慮した。控え選手が疎外感をもち、チームが「あいつらレギュラー組」と「オレたちサブ組」に分かれないよう、マックス・ローレンツを「控え選手の主将」に任命した。ローレンツは、1966年大会にも代表として参加しながらまだ出場経験のないベテラン選手だ。陽気な彼は、ひと言も不平をいわず、いつもひょうきんなふるまいやイタズラで周囲を盛り上げるムードメーカーだった。年の近い主将のウーヴェ・ゼーラーとも仲がよく、対等の会話ができる。

モロッコ戦を終え、チームのムードは落ちこんでいた。その夜であった。ドイツ代表として、それぞれ50試合と25試合の節目の試合を終えたオヴェラートとフォクツが表彰された。2人が、ドイツサッカー連盟（DFB）副会長で、メキシコ大会ドイツ選手団の団長を務めるヘルマン・ノイベルガーから記念のバッジを受けると、場の雰囲気は少しなごんだ。そのとき、ローレンツがいった。

「50試合ベンチに座り続けた控え選手は、何がもらえるのかね？」

このひと言で座がさらに明るくなった。苦戦したモロッコ戦をネタにジョークが飛び、笑い声も聞かれるようになった。3日後のブルガリア戦を前に、いいムードが戻ってきた。

◎ リブダの輝く日 ◎

「フリーキックに注意しよう！」

1次リーグ第2戦の開始前、シェーンはチームにこう指示した。相手のブルガリアは、初戦のペルーとの試合でフリーキックから2点を挙げている。この試合はドイツチームも観戦におとずれており、そのときのゴールが強く印象に残っていた。

12分、ブルガリアのフリーキック。慎重に壁をつくるドイツ守備陣。ところが、アスパルコフが横に流したボールをニコディモフがシュートすると、ボールはスーッと壁をすり抜けた。虚をつかれたゴールキーパー、マイヤーの反応が遅れた。0対1。ブルガリアのリード。モロッコ戦の悪夢がよみがえる。シェーンは、唇をかみしめた。主将のゼーラーが叫んだ。

「攻めるんだ！　あきらめるな！」

メキシコに駆けつけたドイツ応援団からは、おなじみの「ウーヴェ、ウーヴェ」の掛け声に混じって、「リーブーダ！　リーブーダ！」の声援が聞かれた。モロッコ戦に出場機会のなかった「ドリブルの天才」ラインハルト・リブダへの期待の表れだ。

19分、そのリブダが右サイドを突破。鋭いシュートが、キーパーの手をはじいてそのままラインを越える。1対1。ここからリブダのワンマン・ショーが始まった。28分、ふたたび右サイドからリブダのセンタリング、ミュラーのシュートが決まり2対1となる。

52分には、リブダのドリブルに手を焼いたガガネロフがペナルティエリアの中で、足をひっかけてしまった。ミュラーがPKを決めて、3対1。58分、レーアに代わってグラボフスキが入ると、ドイツの攻撃はますます激しくなった。ミュラーからのパスを受けたゼーラーのシュート。4対1。さらに88分、リブダのセンタリングにミュラーのヘディング。5対1。終了間際に1点を返されたものの、前半の出だしを除けば、5対2の危なげない勝利である。立役者はまぎれもなくリブダで、チーム5得点のうち4点にからむ大活躍。

2試合で2勝を挙げたドイツは、これで準々決勝進出が決まり、あとはペルーとのグループ首位争いである。

「ペルーには負けましょう！」

戦いを控え、選手たちからこんな声が上がった。ドイツの所属するグループ4の上位2チームは、グアダラハラで試合をしているグループ3のチームと、準々決勝で当たることが決まっていた。1位（グループ3）対2位（グループ4）、2位（グループ3）対1位（グループ4）という具合に、タスキがけの対戦が組まれている。

グループ3に所属する2つの強国イングランドとブラジルはすでに顔を合わせ、ブラジルが1対0で勝っていた。残るチェコスロバキアとルーマニアも弱くはないが、前評判からいってもイングランドとブラジルの優位は動かない。つまりグループ3は、1位ブラジル、2位イングランドでほぼ決まりという状況であった。ドイツがペルーに負けてグループ2位になれば、次の相手はブラジルとなる確率が高い。そのほうがイングランドより戦いやすいというのが選手の意見であった。

しかし、シェーンは反対した。

「私はイングランドと戦いたいのだ！」

なんとしても1966年決勝の雪辱を果たしたかったのである。それに、負けることを前提に作戦を立てるのは好ましくない。安易すぎる考えだとシェーンには思えた。さらにグループ1位になれば、そのままレオン市での試合となり、コマンチラの合宿地から動かなくてすむ。異なった環境のもとで長い距離を移動するよりは、慣れた土地にとどまるほうが体力も温存できる。それまでの攻撃的な戦いぶりから、地元のメキシコ人もドイツびいきになって応援してくれているので、精神的にも有利である。あれこれ考え合わせると、グループを首位で通過するメリットは、はかりしれなかった。

対戦相手のペルーは、ブラジル人のディディを監督に迎え、１９３０年第1回大会以来、40年ぶりの本大会出場を果たしていた。ディディは、ブラジルが１９５８年、６２年とワールドカップ連覇を果したたときの中心選手である。この大会のペルーチームは、専門家の間では、ドイツと同型の好チームと見られていた。

それでも、気持ちをひきしめて試合に臨んだため、万事うまく運んだ。リブダからミュラー（19分）、レーアからミュラー（26分）、ゼーラーからミュラー（39分）、と心地よいテンポでミュラーが爆発し、ブルガリア戦に続いて2度目のハットトリック。クビヤスに1点返されたものの、3対1でペルーを下し、希望通りグループ首位を確定してイングランドとの対決に臨んだ。

3. 準々決勝、イングランド戦

◎ 苦難続きのイングランド ◎

1970年大会のイングランドは、世界チャンピオンという肩書きを背負っての登場である。ゴードン・バンクスの回想によれば、ワールドカップを控え、監督アルフ・ラムゼーの準備は万全だったという。大会のおよそひと月前に一度メキシコに入り、現地の環境に慣れる。その後コロンビアとエクアドルに遠征して練習試合を行い、ふたたびメキシコに戻ってくる。

選手は28人連れていったが、現地での仕上がりを見て最終的な22人を選抜した。チームが使うバスは母国から持ちこまれ、もちろん食事や水分補給にもあれこれ神経を使った。指定したコックがつくる以外の料理は食べないこと、水は必ずボトル入りのものを飲むこと、また水を飲むときには、ボトルの栓を目の前で開けさせること、といったぐあいに細かな指示が出ていた。イングランドが念には念を入れた調整を行っているのに、このような準備には定評のあるドイツがギリギリまで現地入りしなかったことがバンクスには不思議に思えた。

イングランドは、メキシコ入りしてしばらくは、猛暑のなかでヘトヘトになるまでのトレーニングを積んだ。ゴールキーパーのバンクスに対しても、容赦ない特訓が行われた。その成果はすぐに現れ、ある日のメディカル・チェックでは一日で3kgも体重が減っていたという。33歳になるバンクスが、17歳のとき以来もっとも軽い体重となり、身体のキレもよかった。薄い空気のなかでのボールの軌道にも慣れ、サッカー人生で最高の状態に到達していた。強シューターとして知られるチームメートのボビー・チャールトンでさえ、「ゴードン、どうやったらきみのゴールを破れるか、もう万策尽きたよ」と音を上げるほどであった。

ところが、このバンクスの好調ぶりとは逆に、イングランドチームには、次々とアクシデントが起き、災難が続いた。

ケチのつきはじめは、大会に備え練習試合を行ったコロンビアの首都ボゴタでの事件である。主将のボビー・ムーア、ボビー・チャールトン、それに何人かの他の選手がホテル内の宝石店で、プレゼントを物色した。そのとき、ボビー・ムーアに窃盗の疑いがかけられたのである。店の関係者が、ムーアがブレスレットをブレザーのポケットにすべりこませるのを目撃したと訴えたのだ。しかも、チャールトンが、その行為を隠すように立っていたというのである。ムーアは、地元の警察に拘留されてしまった。

この一件は、裁判にまで持ちこまれた。目撃者の証言にあいまいな点が目立ち、しかも捜査が深まるにつれ、その証言が少しずつ変わっていった。店が経営危機に陥っていたことも明らかになった。背後になんらかの作為があったとしか考えられない茶番劇である。裁判の結果、ムーアは釈放された。ところがこの事件は、中南米でかっこうのスキャンダル・ネタに発展してしまった。

折も折である。ひとまずコロンビアに主将のムーアを残したままメキシコに戻ることになったイングランドチームは、その機上でひどい乱気流に巻きこまれた。選手のひとりジェフ・アストルは、極度の飛行機酔いの状態になり、グッタリして飛行場に降り立った。翌日の地元メキシコ紙には、こんな見出しが躍った。

「泥棒と酔っ払いのチーム、イングランド到着」

イングランドチームが現地で不評をかったのは、４年前にイングランドで行われたワールドカップに原因がある。準々決勝のアルゼンチン戦後に、そのプレーぶりを「アニマル（野獣）」と評した監督アルフ・ラムゼーの言葉を、中南米の人たちは自分たち全体に向けられた侮辱と受け止めた。

また、１９６６年大会のジャッジが反南米的であったともいわれていた。この点は、ルールに関する欧州と南米の解釈の違いもあずかっていたのだが、とにかくイングランドがひとえにかたき役を務めることになってしまったのである。イングランドの登場するすべての試合で、地元の観客はブーイングを浴びせ、かつ相手のチームを熱烈に応援した。


それでも、イングランドは、世界チャンピオンらしく1次リーグでは堂々とした戦いぶりを見せた。ルーマニアとチェコスロバキアにそれぞれ1対0で勝利。事実上の決勝戦ともいわれたブラジル戦は0対1で落としたものの、後世に残る名勝負だった。特にボビー・ムーアは出色の出来で、「ボビー・ザ・グレイト・ムーア」と呼ばれるのに恥じないプレーぶりであった。事件の影響もまったく感じられなかった。試合後、にこやかにユニフォームを交換し合うペレとムーアのショットは、欧州と南米の対立を超越したシーンとして報道された。

この試合ではワールドカップの歴史に残る名場面があった。前半10分、ブラジルのジャイルジーニョが右サイドを突破する。ゴールラインまでボールを持ちこみ、中にセンタリング。左サイドで待ちかまえていたのは王様ペレだ。ドンピシャのタイミングでジャンプし、額でボールをとらえ地面にたたきつけるヘディング。教科書のお手本そのままである。「ゴール！」と叫ぶペレ。ところが次の瞬間、ボールはダイビングして反応したバンクスの右手の指で外にはじきだされていた。ジャイルジーニョの突進から、その折り返し、そしてペレのヘディングという一連の動きと、それに対応した味方ディフェンス陣の位置をつぶさに計算に入れ、少しずつポジションを修正していたバンクスのファインプレーだった。

「ゴールだと思ったよ」と微笑みかけるペレ。「オレもそう思った」とバンクス。主将のムーアがからかった。「おまえも年とったな、バンクスィ（バンクスの愛称）。以前なら（ボールを）つかんでいたのにな」。このプレーで、もともと評価の高かったバンクスの名声はさらに高まった。長い間「世界一のゴールキーパー」といわれていたソ連のレフ・ヤシンが第一線を退いたこのとき、まさにバンクスが世界最高のキーパーだった。

準々決勝のドイツ戦が2日後にせまった金曜日の夕食時。いつもはアルコールにうるさいラムゼーが、めずらしく選手にビールを飲むことを許可した。その30分後である。運命の腹痛がバンクスを襲った。彼はいう。

「今も、そのときに出されたビール瓶の栓が、見ている前で開けられたのか、すでに開いていたのか記憶にない。ただ、飲んでから30分ほどして急に気分が悪くなった」

チームドクターのネイル・フィリップスの見立てでは、単なる胃痛ということであり、翌朝には回復しているだろうとのことだった。翌日の土曜日、チームは1次リーグの試合会場であったグアダラハラ（標高1600m）から、240㎞離れたレオン市に移動した。

レオンの標高は1817mで、さらに高地である。外は38度の猛暑だったが、バスのなかのバンクスは胃痛と寒気に悩まされていた。ドクターに薬をもらい、宿に着くとすぐベッドにもぐりこむ。ところが5分とたたぬうちにトイレに駆けこむありさまだった。監督ラムゼーの判断で、とにかくもう一日（つまり試合当日まで）様子を見ようということになった。

翌朝、少しではあるが体調が戻ったように思えた。普通の朝食は無理でも、軽い食事はできた。食後に、軽いジョギングとボールを使ったテストをし、まあまあの出来を示すことができた。ラムゼーは満足気であった。そのあと、ゲームに備えチームミーティングが行われた。ラムゼーが話を始めた途端、ふたたび胃痛がバンクスを襲った。あぶら汗に濡れたシャツが体にまとわりついた。

「どうだ?」と聞くラムゼー。

「ダメです」と応えるバンクス。

同僚に抱えられて部屋に戻る彼の耳に、控えキーパーのピーター・ボネッティに語りかけるラムゼーの声が聞こえた。

「きみが出るんだ！」

◎　コンプレックスの払拭　◎

１９７０年ワールドカップ・メキシコ大会からさかのぼること２年、１９６８年６月１日にハノーファーで、西ドイツとイングランドとの親善試合が組まれた。１９６６年のウェンブリーでの決勝戦以後、初めての対戦である。

１９０８年以来、ドイツはイングランドと12回対戦して一度も勝ったことがなく、選手たちは、このコンプレックスからなかなか抜け出せなかった。シェーンは、この負の意識を払拭したいと考え、こういった。

「きみたちはいつも、イングランド相手ではしょうがない、と思っているだろう。ロッカールームから出ると、もう首をうなだれ、また負けるのかな……とつぶやく始末だ。さあ、胸をはって堂々と出て行け！　自信をもってあいつらの目を見てやれ！　オレたちだって強豪なんだ！」

このハッパが効いたのか、ドイツは初めて１対０でイングランドを破ったのである。得点者はベッケンバウアーであった。最初の対戦から60年がたっていた。

1970年6月14日、日曜日。ドイツは、ワールドカップでふたたびイングランドと対決した。戦いを控え、主将のゼーラーには、監督のシェーンが非常に落ち着いていると感じられた。4年前の1966年、決勝戦を前に胃の痛みに苦しんでいたシェーンとは別人のようであった。リラックスしていた理由のひとつは、2度目のワールドカップで精神的にゆとりができたためであろう。もうひとつには、先の親善試合に勝利したことで、イングランドへの苦手意識を脱したことが挙げられる。

シェーンの目には、レオンの競技場で出会った相手監督のラムゼーは、真剣な表情で不機嫌に映った。イングランドは、1次リーグ3試合をたった2得点で勝ち上がってきた。しかも、すでにブラジルに1敗している。ドイツは対照的に3戦3勝、10得点を挙げていた。

チームのムードもよかった。「どこからでもかかってこい」という気分の高揚が見られた。世界チャンピオンが相手であり、勝てばベスト4になる。シェーンは、かつてないほどチームにみなぎる気合を感じた。

ドイツ国旗を掲げたファンのひとりが、メキシコの国旗をもった地元の少年と場内を1周する。大歓声。観衆の3分の2が、ドイツを応援してくれているようだった。チームミーティングで、誰が誰をマークするかもすでに確認ずみである。イングランドのメンバーには、4年前の決勝でドイツを苦しめた猛者が並んでいる。ボビー・ムーア、ジェフ・ハースト、アラン・ボール、マーチン・ピータース、そしてボビー・チャールトン……。

ドイツチームには、そのときに悔しい思いをした5人の選手が先発で出場していた。そのひとり、ヴォルフガング・オヴェラートは、チェコスロバキア対イングランドの観戦から戻ったシェーンの言葉を覚えていた。

「監督のラムゼーは、はったりをかましていたが、あのイングランドなら恐れることはない」

ミュラーが真っ先にフィールドに出ると、何千もの人が「ミュラー、ミュラー」と、その名を連呼した。ゼーラーが続く。「ウーヴェ、ウーヴェ!」そして、ベッケンバウアー……。シェーンは、もう一度ベッケンバウアーと話をした。

「フランツ、きみがチャールトンにあたってくれ。だが、猟犬のようにずっと彼にへばりついているのではなく、きみ自身のプレーをしろ。どんどん前に出て、チャールトンがきみの後を追うように仕向けるんだ!」

シェーンは、4年前と同じ作戦を指示した。彼は、ワールドクラスに成長したベッケンバウアーに全幅の信頼を置いていた。

◎ キックオフ ◎

試合が始まった。開始早々、選手からボールの回転と弾み方がおかしいとクレームがつき、主審が使用球を交換するというめずらしいシーンがあった。高度と暑さを考慮し、誰もが力をセーブしていた。選手たちが走りまわることは少なく、そのぶんボールの動きが早くなっていた。

シェーンには、イングランドがかさにかかって攻め立ててきたように思われた。「目に物、見せてくれる」……そんな感じであったという。

押し気味のイングランド。ドイツ陣ペナルティエリア内でハーストがヘディング。キーパー、マイヤーがキャッチ。その瞬間、走りこんできたフランシス・リーの手が、マイヤーのアゴにぶつかってしまった。倒れるマイヤー。故意の悪質プレーというわけではないが、反イングランドの観客はここぞとばかりに抗議に沸き、ドイツへの声援はさらに強くなっていった。

この試合には、もうひとつファンをヤキモキさせる要素があった。同じ時刻に、別会場で地元メキシコがイタリアと戦っていたのだ。ラジオ片手の群集は、西ドイツ対イングランドの熱戦を目で追いながら、同時にメキシコの戦いぶりに耳をそばだてていた。14分、大歓声が起こる。ラジオがメキシコの先制点を伝えたのだ。目前の展開とはまったく無関係にスタジアムは沸きに沸いた。その後、イタリアは26分に同点に追いつくと、後半立て続けに3点を奪って勝負を決めた。スタジアムに失望のため息がもれた。組み合わせからいって、準決勝でこのイタリアと当たるのは、果たしてイングランドか、あるいは西ドイツか。

前半32分、ゲームが動いた。イングランドのアラン・マレリーが左から上がり、中盤でボールを逆サイドのニュートンにパス。ニュートンがペナルティエリアの角まで持ちこむ間に、マレリーはドイツゴール前に走りこんでいた。ニュートンからのスルーパス。マレリーのシュート。ゴール！

イングランドが先制した。ドイツは、モロッコ、ブルガリア戦に続いて、また1点のハンディを負ってしまった。

リードは許していたが、シェーンはハーフタイムでチームにこう指示した。

「もうほんとうに失うものはないんだ。自分たちのゲームをしよう！　攻撃しよう！」

軽いケガを負ったバックスのヘッティゲスに代え、ヴィリー・シュルツを投入。シュルツも4年前のウェンブリー決戦のメンバーである。

後半開始5分、右サイドからイングランドのニュートンが、中に折り返す。ゴール前をよぎったボールに走りこんで合わせたのがマーチン・ピータースだった。抜群のタイミングで現れたピータースを、マーク役のフォクツもキーパーのマイヤーも止められない。ゴールが決まり0対2。

中盤でボールをさばき、一度敵の視野から消えた後、ゴール前に突然ふっと姿を現す彼のプレーは「ゴースト（幽霊）」と呼ばれ、高く評価されていた。思えば、4年前の決勝戦でもドイツから1点をもぎとったのがこのピータースであった。

ドイツはますます苦境に立たされた。この時点で、誰も（監督のシェーン自身さえも！）2失点を取り返せるとは思っていない。それでも、何か手を打たなくてはならない。シェーンは、ひとりつぶやいていた。

「1点差に追い上げれば、まだわからん」

ピータースのゴールの直後、シェーンは、疲れの見え始めたリブダに代え、ユルゲン・グラボフスキを送りこんだ。イングランド守備陣の一角テリー・クーパーが、ドリブルの名手リブダとの戦いと再三にわたる攻撃参加で疲労していると見て取ったうえでの作戦である。リブダ同様にドリブルのうまいグラボフスキは、右サイドから猛烈な攻撃を仕かける。また、守備陣も、ベテランのシュルツにより、落ち着きと秩序がもたらされた。

後半23分。ベッケンバウアーが独特の優雅なボールさばきで中盤を突進し、相手選手をかわしてシュート！　みごとなゴール。1対2。ドイツが1点差に追い上げた。

残り20分を1点差でもしのげると判断したイングランド監督アルフ・ラムゼーは、この時点でボビー・チャールトンをコリン・ベルと交代させた。準決勝と決勝を視野に入れ、チームの要を温存したのだ。これが分岐点になった。ベルも名選手ではあるが、相手がベッケンバウアーでは荷が重い。チャールトンから解放されたベッケンバウアーは、存分に自分のゲームメークができるようになった。

ドイツ守備陣が押し上げる。シュルツやスィーパーのシュネリンガーが、中盤からイングランド陣内にロビングボールを上げる。漠然と放りこむのではなく、ねらうのはヘディングの名手ウーヴェ・

ゼーラーの頭である。そして、後半37分、ついにこのチャレンジが実を結ぶ瞬間がやってきた。

ハーフウェイラインを越えた左サイドから、シュネリンガーが斜めに長いクロスを送った。イングランド陣ペナルティエリア内の右サイドに位置していたゼーラーは、ゴールに背を向けたままの姿勢でボールを追い、首をふってヘディング。後頭部でボコンとはねたボールは、ゆるやかな曲線を描いてゴール逆サイドに飛びこんだ。地面に倒れながら万歳をするゼーラー。喜びいさんで駆け寄るドイツの選手たち。2対2の同点。試合は振り出しに戻り、4年前と同じく延長戦に突入した。ミュラーが荒々しくいった。

「つかまえたぜ！」

選手たちにもこれで勝てるという表情が見られた。

延長を控えてのこの短い休憩時には、ロッカールームに戻ることは許されていない。シェーンとコーチのデアヴァルは、ベンチ脇の芝生の上で選手の体調を確認する。マッサージ師エーリヒ・ドイザーがテキパキと足をもむ。出場機会を逸したスター選手のヘルムート・ハラーまでが懸命にバケツの水を運んでいた。チーム一丸となって延長に備えた。シェーンには、かつて経験したことのないうれしい休憩時間に思えた。

延長後半4分、グラボフスキがクーパーを振り切って、右からセンタリング。逆サイドから走りこんだレーアが、頭でボールをゴール前に戻す。「そこにいた」のがゲルト・ミュラーだ。イングランドのキーパー、ボネッティの目の前でフワッと跳ね、右足のボレーシュート。ゴール！　3対2！

ミュラーはアシストしたレーアに走り寄り、そのままふたりでピョンピョン飛びながらよろこびを表した。この情景をビデオで見るたび、私はいつも、映画「王様と私」で、シャムの王様に扮したユル・ブリンナーと家庭教師役のデボラ・カーが名曲「シャル・ウィ・ダンス」に合わせて踊るシーンを思いだし、ほほえましい気分になる。

シエーンにも、それはうれしい光景だった。重い結核にかかったレーアが、ドイツ代表に復帰するために続けた懸命の努力を知っていたからだ。その後、終盤の猛攻をしのいだドイツは、ついにワールドカップで宿敵を倒した。イングランドにしてみれば、「バンクスの欠場がなかったら」「チャールトンを交代させなければ」……と悔やまれるゲームであった。当時の世界記録である106回目の代表試合を終えたボビー・チャールトンにとって、これがイングランド代表としての最後の試合になってしまった。

試合後、イングランド主将のボビー・ムーアは、シエーンのもとに歩み寄り、勝利を祝福した。コロンビアでの事件と拘留、そして裁判。釈放後、ブラジル、ドイツとの名勝負。この間のプレッシャーは相当なものであっただろう。それでも、ムーアは常にフェアで堂々としていた。

ラムゼーも近寄ってきて、シエーンの肩を抱いた。シエーンは、ラムゼーの立場に身を置いて考えてみた。４年前、チームを世界一に導いた彼のシステムに見合う選手が、今回はいなかった。ラムゼーのスター選手たちは４つ年をとってしまっていたのである。

イングランドを相手に、２点先制されながら３点を挙げて試合を引っ繰り返すという、ワールドカップの歴史に残る名勝負を終えたドイツチームには大きな満足感が漂っていた。

◎「ウェンブリーの雪辱」を果たした興奮◎

「素晴らしい！　信じられない！　奇跡的だ！　こんなことってない！」

フランスのスポーツ紙『レキップ』は、イングランドと西ドイツの熱戦をこんな見出しで伝えた。

勝利の瞬間、あちこちで大騒ぎが起こっていた。コマンチラの宿舎の厨房では、ドイツ人シェフのゲオルク・ダムカーが、インディオのお手伝いの女性たちから手荒な祝福を受け床に押し倒された。

テレビの解説をしていた英国人ジョー・マーサーは、面白いコメントを残している。彼は当時のイングランド１部リーグ（現在のプレミアリーグに相当）でもトップクラスにあったマンチェスター・シティの監督を務めており、名指導者として知られた人物である。

「ヘルムート・シェーンは、アルフ・ラムゼーとの戦いに勝った。この試合は11人対11人ではなく、控え選手２人と監督を含めた14人対14人のゲームだった。戦術面で、ラムゼーはシェーンに敗れた。シェーンは、シュルツとグラボフスキを入れることでイングランドのハーストとクーパーの動きを封じた。逆にチャールトンを交代させたラムゼーは、ベッケンバウアーを止められなかった」

この大会から認められた選手交代の新規則を、シェーンはうまく利用したことになる。かくして、ウェンブリーの雪辱は成り、ドイツは2大会連続でワールドカップのベスト4に進出した。

準決勝の組み合わせは、西ドイツ対イタリア、ブラジル対ウルグアイとなった。4チームともワールドカップ優勝経験国である。優勝チームに贈られる「黄金の女神像ジュール・リメ杯」は、規定で3度チャンピオンになった国が永久保持できる。4チームのなかでドイツだけが1度の優勝。あとの3カ国は、いずれも過去2度の優勝を果たしており、女神像を永遠に祖国に持ち帰る可能性がある。

西ドイツ対イタリアの試合は、メキシコ・シティのアステカ・スタジアムで行われることが決まり、チームは4週間住み慣れたコマンチラを去ることになった。周囲に娯楽施設がなく、退屈なのが欠点ではあったが、設備は非のうちどころがなく、思い出の多い宿舎となった。ミュラーとゼーラーを同室にしたのもよかった。大会前に心配された2人の併用はうまくいき、ピッチ外でも互いの信頼を深め合っていた。

地元の住民とも良好な関係を築くことができた。町を去るにあたって、ドイツチームは警備を担当してくれた人々に、感謝の気持ちをこめて母国から持ちこんだ品を贈った。「いっぱいの荷物をもって到着し、帰るときは何もなかった」とはミュラーの述懐である。

4. 準決勝、イタリア戦

◎ 憧れのイタリアと悪名高きシステム ◎

古来、ドイツ人はイタリアに憧れている。大文豪ヨハン・ヴォルフガング・フォン・ゲーテはうたった。「きみ知るや、レモンの花咲く国……」

ある年の9月、日によっては、すでに肌寒さを感じるドイツの秋であった。ドイツ人の恩師の案内で、南ドイツ―北イタリア間を日帰りしたことがある。ミュンヘン郊外の恩師宅を早朝に車で出発。オーストリアを通り抜け、アルプスを越えて昼前には北イタリアに入った。第2次大戦前はオーストリア領だった南チロルと呼ばれる地方である。

山を越えて驚いた。まるで日本の初夏のようだった。針葉樹の多い単調なドイツの森とはうって変わり、明るい太陽のもと、花や木々のこまやかな色彩がキラキラ輝いている。ヨーロッパの北と南、秋と初夏を同時に体験した。北部でさえ、この豊かな彩りである。南はさらに暖かいのであろう。ドイツ人がなぜイタリアを好むのか、わかるような気がした。

1950年代後半から60年代前半、サッカーの世界でも、イタリアはドイツの選手にとって夢の国であった。ドイツにまだプロ制度がない時代、イタリアの強豪クラブは、その豊富な資金力で海外からの有望選手を集めていた。ドイツからもアウグスブルクのヘルムート・ハラーや、ケルンのカール・ハインツ・シュネリンガーといった若手の代表選手が、イタリアのチームに移籍していった。やがて1963年のブンデスリーガ創設により、ドイツでもようやくプロの時代が始まったとはいえ、年俸面ではイタリアのサッカー選手とは比べものにならなかった。

当時のイタリアサッカーを支配していたシステムが、安全第一の守備作戦「カテナチオ」である。「カギをかける」という意味のこのシステムは、4人の守備者の後ろに、さらにスイーパーをひとり置き、中盤選手は3人ないし4人で構成する。ゴールキーパーを除く10人のうち、これら8〜9人に守備の意識を徹底させ、攻撃はひとりかふたりのフォワード選手でカウンターを仕掛けるというものである。あまりに守備的と悪名高いシステムだったが、効果は絶大だった。1960年代は、このカテナチオを旗印としたイタリアのチームが、クラブ対抗のヨーロッパカップ戦を席巻した。

このシステムの発案者は、一説にはトリエステ出身のネレオ・ロッコだといわれている。1948年ロンドンで第14回オリンピックが行われた。今になって振り返れば、戦争の被害が大きかった町で、よくオリンピックのような世界的なスポーツ大会ができたものだと感心する。サッカー競技ではスウエーデンが優勝した。中立国として戦禍を免れた国には、それなりの利があったのだろう。

同じ年、イタリアサッカー協会は、外国人選手の受け入れを許可した。これを受けて迅速に動いたのはＡＣミランである。スウェーデン金メダルの立役者であるグンナー・グレン、グンナー・ノルダール、ニルス・リードホルムの３選手と契約を交わした。名前の頭文字をとって「グレ・ノ・リ」と呼ばれた北欧の名手３人組の加入により、ＡＣミランは一気に強力チームとなった。１９５１年にはイタリアチャンピオンに輝いている。

そのころのロッコは、弱小ともいえるパドゥアを率いていた。彼は、すでに全盛を過ぎた選手や他のチームであまり評価されていない選手を集めてチームをつくっていった。当時のロッコ率いるパドゥアのような弱小チームが、有力外国人選手のいるＡＣミランのような強豪と対等に渡り合うには守備を固めるのが一番だ。カテナチオはこうして誕生し、一気にイタリア全土に広がっていった。

ロッコは後にＡＣミランの監督として招かれ、１９６７年イタリア・カップ（コパ・イタリア）、１９６８年イタリア・リーグ（セリエＡ）、ヨーロッパ・カップ・ウィナーズカップ、１９６９年ヨーロッパ・チャンピオンズカップ、インターコンチネンタルカップと次々に優勝を果たした。

イタリアサッカー界には、もうひとりこのカテナチオを掲げてヨーロッパを制覇した人物がいる。アルゼンチン出身のエレニオ・エレラ。インテル・ミラノを鍛え、１９６３年、６５年、６６年とセリエA優勝。1964年、65年にはヨーロッパ・チャンピオンズカップ、インターコンチネンタルカップともに連覇を成し遂げた名物監督である。「点を取られなければ、負けない!」という持論から、超守備的な戦術に走った。カテナチオは彼の発案という説もある。いずれにせよ、あまりに守り一辺倒の作戦は「サッカーの墓場」とも揶揄され、評判はよくなかった。

レアル・マドリードの伝説の名選手アルフレッド・ディ・ステファノは、インテルの試合ぶりを、いみじくもこう評した。

「インテルは、ゴールキーパーひとりと、10人の守備者のチームである!」

一方、ワールドカップでのイタリア代表チームは、1934年、38年と2連覇したものの、それ以降はこれといった好成績を収めていなかった。特に前回の1966年イングランド大会では、ノーマークの北朝鮮を相手に0対1と、まさかの敗戦を喫し1次リーグで姿を消している。帰国したチームは、飛行場で待ち受けるファンからトマトを投げつけられる始末であった。1970年メキシコ大会では名誉をかけて臨んだ。

1次リーグは、3試合で得点1、失点0の1勝2引き分け。カテナチオ戦法で手堅く勝ち上がる。準々決勝では、一気にその実力を発揮し、地元メキシコ相手に4点を奪い圧勝した。

◎ 世紀の決戦 ◎

西ドイツの新たな本拠地プエブラ市は、メキシコ・シティからバスで2時間ほどだった。市内の喧騒のなかに身を置くよりは、郊外のほうがゆっくり過ごせるという配慮からである。

1970年6月17日のメキシコ・シティ。空は曇りで、気温は18度を指していたが、そのわりには暑かった。

メンバーの発表。スタジアムのアナウンスがドイツの出場選手を伝えるたび歓声が沸き起こった。ベッケンバウアー、オヴェラート、ゼーラー、ミュラーのときはひときわ高い大歓声になった。続いてイタリア。非難の口笛が耳をつんざく。準々決勝で地元メキシコを破ったイタリアは、イングランドに代わる新たなかたき役である。

試合開始直後は、ピンポンのように両チームのゴール前を交互に攻め合う展開であった。8分、ドイツのフォクツのパスがイタリアのフォワード、ボニンセーニャに渡ってしまい、1点を先取された。ドイツはベッケンバウアーをコントロールタワーとして反撃に出る。

この試合は、ドイツチームとそのファンにとっては、納得のいかない判定が続いた。ベッケンバウアー、ゼーラー、フォクツが次々と倒されるが、反則はとられない。シェーンは後に、2度ペナルティキックを得ても不思議ではない場面があったと語っている。

主審は日系ペルー人でメキシコ国籍のアルトゥール・ヤマサキであった。彼の勤務先の上司がイタリア系であったことから、後にそのジャッジについてドイツ側から非難を浴びた。そうでなくてもイタリアの守備は厳しい。ミュラーはこう語っている。

「イングランドは激しいがフェアだ。イタリアは必ずしもフェアとは限らない」

象徴的なシーンが65分におとずれた。ベッケンバウアーが、ドリブルでイタリア陣に突進する。ペナルティエリアのギリギリのところでイタリアのチェラがつぶしにかかる。長身のベッケンバウアーは大きな弧を描くように倒れ、右肩を負傷した。主審はエリア外でのフリーキックを宣告。ドイツ選手がペナルティキックを主張し、抗議に駆け寄るがジャッジはくつがえらない。このチャンスも得点には結びつかなかった。

52分と66分、シェーンはリブダ、ヘルトと2人のウィング選手を立て続けに投入した。両翼からセンタリングを上げ、真ん中のミュラーとゼーラーで勝負するという作戦である。スタメンで出場していたグラボフスキも含め、3人のウィング、2人のセンターフォワードという非常に攻撃的な布陣となった。

転倒で痛めたベッケンバウアーの右肩の状態は、だんだんひどくなっていく。すでに2人の交代枠を使い果たしていたドイツは、ベッケンバウアーを代えることができない。それに、チームのキープレーヤーを失うことは致命的でもある。準々決勝で、1点リードしていたイングランドが、次の試合に備えてチームの頭脳ボビー・チャールトンを温存するために交代させ、ドイツに逆転負けを喫したのはよい例である。ましてや、この時点でのドイツは、イタリアにリードされている。ベッケンバウアーは、歯を食いしばって耐えた。

イタリアの守備は堅く、ゴール前にはまったく穴が見つからない。時は過ぎ、イタリアの時間稼ぎが始まる。90分。主審ヤマサキは、ロスタイムをとった。ドイツは総攻撃に出る。長身の守備選手カール・ハインツ・シュネリンガーが前線に上がってきていた。彼は、ドイツ人でありながら、イタリアのACミランに所属する選手である。シュネリンガーの上がりを見てとったグラボフスキが、左からゴール前にセンタリング。シュネリンガーの伸ばした足がボールにピタリと合い、イタリアのネットを揺らした。ドイツは試合終了直前で同点に追いついた。

47回ドイツ代表を務めたベテラン、シュネリンガーの代表での得点は、この1点だけである。

◎ 延長戦 ◎

準々決勝のイングランド戦に続き、またも15分ハーフの延長に入った。ベッケンバウアーは右肩をバンデージで固定しての奮闘である。「腕を固定されたので、体の動きまで制限された。100をベストとすれば、40か50の出来だった」と彼はいう。

ここから「アステカのスリラー」と呼ばれた攻防が展開されていく。まず延長5分。リブダの右コーナーキックをゼーラーがヘディング。ゴール前にフワリと上がったボールを、イタリアの守備者とキーパーがさばこうとするその間に割って入ったのがミュラーだった。もつれこむような状態からミュラーの足に触れたボールは、スローモーションのようにコロコロところがり、ゴールラインを越えて止まった。ドイツが2対1とリードした。

その2分後、今度はフリーキックからイタリアのブルニッチが決め2対2。フォワード選手でありながら、守備に戻っていたドイツ、ヘルトのクリアミスである。

さらに延長前半の終了直前、「イタリアの太陽」と呼ばれた強烈なゴールゲッター、ルイジ・リヴァが、シュネリンガーをうまくかわしてゴールを決め、ふたたび1点のリードを奪った。

延長後半、右コーナーキックを得たドイツは、グラボフスキが近寄ってきたリブダにパス。リブダのセンタリングからゼーラーのヘディング。跳ねたボールに向かってミュラーがくらいつくように飛びこみ、頭でゴールに流しこんだ。試合はまた振り出しに戻った。

その1分後、イタリアは左からボニンセーニャが持ちこみ、ドイツゴール前に折り返す。ゴロのパスが真ん中から走り寄ったジャンニ・リヴェラに渡り、そのままゴールが決まった。リヴェラをマークしきれなかったベッケンバウアーの姿が痛々しい。

こうして試合はイタリアの勝利で終わった。延長戦の30分だけで、両チーム合わせ5点が入るという激戦だった。傷つきながらもボールを追う選手たちの姿は、世界中のサッカーファンに感動を与え、ワールドカップ屈指の名勝負となった。

冷静なコメンテーターも「十年に一度のゲーム」と伝え、「世紀の一戦」と呼んだ批評家もいた。

記者会見に臨んだシェーンは、世界中から集まった200人もの記者たちから拍手で迎えられた。シェーンは、自チームへの誇りを、短い言葉のなかに表現した。

「選手たちは、イングランドとイタリアという強豪を相手に、4日間で4時間（延長を含め240分）もの素晴らしい戦いをした。この2試合を再現できるようなチームがあれば、教えていただきたい」

その夜は沈んでいたチーム内の空気も、翌日にはすでに楽天的な雰囲気が戻っていた。主将のゼーラーは語った。「3位を目指して、全力で戦う」

◎　メキシコ大会を終えて　◎

準決勝のもう1試合は、3対1でブラジルがウルグアイを下して、決勝に進んだ。これで、ドイツは決勝戦の前日にウルグアイとの3位決定戦に臨むことになった。

1970年6月20日。ベッケンバウアー、ヘッティゲス、グラボフスキの3人が負傷欠場したドイツチームは、それまでとはうってかわったメンバー構成になった。それでも、前半27分、リブダのセンタリングをゼーラー、ミュラーとつなぎ、中盤から駆け上がったオヴェラートが強烈なシュートをたたきこんだ。これが決勝点となり、3位が決まった。

後半からシュネリンガーに代わって守備に入った「控え選手の主将」、ひょうきん者のマックス・

ローレンツは、ついにワールドカップの試合出場を果たした。

イタリアとブラジルの対決となった決勝戦は、ペレのヘディングによるゴールを突破口にして、4点を挙げたブラジルの勝利に終わった。1957年第6回スウェーデン大会に17歳でデビューして以来、「サッカーの王様」として君臨したペレにとっては、これが最後のワールドカップとなった。ブラジルは通算3度目の優勝をかざり、黄金の女神像ジュール・リメ杯を永久に保持する栄誉を得た。後の1983年、この女神像は、リオデジャネイロで盗難にあった。容疑者は逮捕されたが、像はすでに熔かされていたと聞く。ドイツのヴィクトリア像といい、このジュール・リメ杯といい、女神像はいずれも多難な運命を背負っているのであろうか。

ともあれ、初めての高地開催が懸念されたメキシコ大会は、ひとりの退場者も出ないフェアですばらしいワールドカップとなった。3位に終わったものの、サッカーの歴史に残る熱戦を繰り広げた西ドイツは、「優勝したブラジルと戦わせてみたかったチーム」と各方面から絶賛され、10ゴールを挙げたゲルト・ミュラーは得点王の座も手中にした。

メキシコ大会の思い出は、それぞれが折に触れて語っている。

2005年9月、60歳の誕生日を迎えたベッケンバウアーの特集番組がドイツで放映された。イタリア戦でのファウルに話がおよぶと、彼は笑いながらいった。

「あのときは、ちょっと派手に跳びすぎたよ」

同じ2005年11月、60歳の誕生日を目前にしたミュラーに、ドイツのスポーツ専門誌『キッカー』が、特別インタビューを行った。「(サッカー)人生で最良の時は?」との問いに、ミュラーは「1970年メキシコの4週間」と答えている。それほど印象的な大会であったのだろう。

メキシコから祖国ドイツに帰る機内で、シェーンは満足気にコメントした。

「イングランド戦のタイムアップの笛が、いちばん印象に残っている」

前回の1966年に続き、国内では世界チャンピオンになったかのような歓迎を受けた。シェーン夫人アンネリーゼにとっては、メキシコからの飛行機が無事フランクフルト空港に着陸した瞬間が、いちばんの思い出として残った。ゼーラーとミュラーをめぐる大会前からの騒動、胃腸に持病を抱えたシェーンの健康状態、すべてを知っている夫人には、夫がどんなに消耗しているかは十分に想像できた。

出発前には、夫妻で「メキシコ大会が思うようにいかなかったら、どうなるかも考えなくては」と話し合っていたという。場合によってはクビになる可能性もあった。そんな心配を、好結果が吹き飛ばしてくれたのである。

いよいよ自国開催の1974年ワールドカップをにらみながら準備を開始できる。その第一歩ともいうべき1972年ヨーロッパ選手権が目前に迫っていた。

第4章

1974年ワールドカップ・西ドイツ大会

◆1974年ワールドカップ西ドイツ大会，
優勝に喜ぶ
シェーンとベッケンバウアー

1.

1972年ヨーロッパ選手権

◎　世代交代　◎

シェーンが、西ドイツ代表監督の座についたのは1964年である。その時点で、全国統一のプロリーグであるブンデスリーガは、発足してまだ1年しかたっていない。シェーンは、インタビューにこう答えている。

「プラス面とマイナス面の双方あるだろうが、いずれにせよ、発足1年の今の時期は、チームも指導者も選手も、（プロとしての）経験を積むことが大切だと思う」

ブンデスリーガ初年度には、1954年の第5回ワールドカップ・スイス大会で「ベルンの奇蹟」と呼ばれる優勝を遂げたときのメンバーの何人かが、まだ現役でプレーしていた。1FCケルンのハンス・シェーファー（36歳）、1FCニュルンベルクのマックス・モーロック（38歳）、そしてマイデリッヒSV（後にデュースブルクMSV）のヘルムート・ラーン（34歳）。ラーンは、1954年、ベルンでドイツを初優勝に導く決勝点を挙げた選手である。

これら老雄ともいえるベテランにまじって、後の西ドイツ代表の屋台骨を支えることになるヴォルフガング・オヴェラートやヴォルフガング・ヴェーバー（ともに1FCケルン）といった選手が、19歳の若さでデビューしていた。チーム内でベテランが新人のよきお手本になった。シェーファー、モーロック、ラーンは、ほどなくしてチームを去っていくが、ドイツサッカーの伝統や経験は若い世代に伝えられ、蓄積していった。

1970年のワールドカップが終わると、今度はブンデスリーガ初期に全盛を迎えていた選手たちが、次第に代表を退いていった。「ベルンの奇蹟」の次世代ともいえる選手たちである。その象徴であるウーヴェ・ゼーラーは、1970年9月9日のハンガリー戦を最後に代表から引退した。彼には、それまでフリッツ・ヴァルターしか受けていなかった「ドイツ代表名誉主将」の称号が与えられた。ひとつの時代が終わった。

代表チームのたとえに、こんな言葉がある。

「代表チームは、2つのドアをもった部屋のようなものである。ドアは両方とも開いており、なかは強い風が吹いている。一方のドアから人がはいり、もう一方からまた出ていく。常に素晴らしい出来を示した者だけが、部屋にとどまることができる」

メキシコ大会後に引退して「部屋から出ていった」選手たちのほとんどは、前任者ゼップ・ヘルベルガー時代からの代表選手である。つまり、ここにいたって初めて、シェーンは、「自分の時代の選手」、つまり、戦後生まれの選手たちと本格的に向き合うことになった。

◎「指揮官」ネッツァー登場◎

1970年代前半のブンデスリーガは、2つのチームが覇権を競っていた。ベッケンバウアー、ミュラーを擁する南のFCバイエルンと、オランダ国境に近い北部の小都市に本拠を置くボルシア・メンヘングラットバッハ（ボルシアMG）である。

第2次大戦前からそれなりに名の通っていたFCバイエルンとは異なり、ボルシアMGは、1960年代にヘネス・ヴァイスヴァイラーを監督として迎え、一気に頭角を現してきたクラブであった。

1919年生まれのヴァイスヴァイラーは、ケガのために現役生活は短かったが、指導者としてゼップ・ヘルベルガーの後を継いでケルン・スポーツ大学の講師になり、サッカーコーチ養成講座を受け持っていた。彼は、同時にボルシアMGの監督も兼任し、メンヘングラットバッハ市周辺の才能ある若手を集めて育て、着実にチーム力をアップさせていった。1915年生まれのシェーン、1925年生まれのクラマーと並んで、ヴァイスヴァイラーもまたヘルベルガー後のドイツサッカーを支えた名物監督のひとりである。

ボルシアMGは、創設時のブンデスリーガ入りこそ逃したものの、3シーズン目の1965／66

シーズンに、地域リーグから勝ち上がって昇格。この年のもうひとつのブンデスリーガ昇格チームは、後にライバルとなるFCバイエルンであった。

このボルシアMGの中心選手が、ギュンター・ネッツアーである。天才といわれ、1970年ワールドカップでも代表候補になっていたが、ケガでコンディションを崩して最終選考にもれた不運の名手だった。

ネッツアー、それにドイツ代表の守備の要として成長著しいベルチ・フォクツといった選手をそろえ、周囲にも名手を配したボルシアMGは、1969／70シーズン、ついにブンデスリーガ優勝を果たす。そのときの選手で、浦和レッズ監督も務めたホルスト・ケペルは、「選手生活でいちばんうれしかったのは、ボルシアMGで初優勝したとき」と私に言い切った。小さな町のクラブチームの優勝は、地方意

▲ギュンター・ネッツアー（右）、二宮寛（中）の各氏と

識の強いドイツで、信じられないほどのインパクトであったろうと想像できる。

シェーンは、新しい西ドイツ代表の中核として、このネッツアーを計算に入れていた。ネッツアーを中盤のコントロールタワーとして起用すれば、ベッケンバウアーを下がり目の位置に配することができる。もともとベッケンバウアーは、ＦＣバイエルンでは、特定のマーク相手をもたない「リベロ（自由な人）」というポジションでプレーしていた。守備陣の最後尾に位置して、バックスの組織を整えるとともに、チャンスと見れば一気に前線にかけあがる。攻守両面でのキープレーヤーといえた。

彼ほどの選手なら指揮官役も十分にこなせると見てとったシェーンは、ベッケンバウアーを代表チームでは中盤で使っていた。ベッケンバウアーは、この役割に不満があったというわけではないにせよ、本音ではやはり手慣れたリベロでのプレーを望んでいた。ネッツアーの成長でその問題が一気に解決に向かうと思われた。

ところが、ここに厄介な問題が持ち上がった。それまで2回のワールドカップでドイツの中盤をささえたヴォルフガング・オヴェラートとネッツアーのコンビネーションである。2人ともワールドクラスの名手であり、それぞれに長所をもっている。シェーンは、両名の併用を常に考えていた。ところが2人を同時に起用すると、どことなくチグハグなのである。あれやこれや新チームを模索するうち、ヨーロッパ選手権の予選が迫ってきた。

◎ ヨーロッパ選手権の歴史 ◎

ヨーロッパの国の枠を超えた大会を開こうとする動きは、第1次大戦後に始まった。きっかけをつくったのは、1920年代のオーストリアのサッカー界で活躍したフーゴ・マイスルという人物だった。富裕なユダヤ系商人の家に生まれ育ったマイスルは、少年時代からサッカーに魅せられ、生涯をこのスポーツに捧げた。選手や審判として活躍しただけでなく、代表チームの監督にもなった。さらにオーストリアサッカー協会の会長も務め、1924年には各国に先駆けていち早くプロ制度を取り入れるなど、先駆的なアイディアの持ち主であった。

母語であるドイツ語のほか、数カ国語に堪能であった彼は、諸国との交流にも意を注いだ。1927年、当時中部ヨーロッパのサッカー強国であったオーストリア、ハンガリー、ユーゴスラビア、チェコスロバキアの上位チームが、国境を越えて対戦する「ミトローパ・カップ（中欧杯）」を提唱。後にはイタリアやスイスなども加わって、大きな人気を博した。マイスルは1937年に死去。その後、ドイツによるオーストリア併合や戦争もあり、大会は自然消滅した。

第2次大戦後の1954年、欧州サッカー連盟（UEFA）が誕生し、これによってヨーロッパのサッカー界を統括する組織ができ上がった。その直後、フランスのスポーツ誌『レキップ』の編集長ガブリエル・アノが、戦前のミトローパ・カップを全欧州に拡大した形でのクラブ対抗選手権を提案する。この案は、「ヨーロッパ・チャンピオンクラブズカップ（略してチャンピオンズカップ）」と名づけられ、1955／56シーズンより実施された。各国の1位がトーナメントで競うこの大会は、ファンから圧倒的な支持を受け、現在の「ヨーロッパ・チャンピオンズリーグ」へと発展していった。

また、チャンピオンズカップの成功に刺激されて、各国のカップ戦（トーナメント方式で、日本の天皇杯にあたる）優勝チーム同士が戦う「カップ・ウィナーズカップ」や、各国リーグの上位チームがぶつかる「インターシティズ・フェアーズカップ」が誕生した。

この2つとも、何度かの規定や名称の変更を経て、それぞれに特徴をもつ大会へと成長していった。現在では「UEFAカップ」としてひとつに統合され、チャンピオンズリーグと並ぶ欧州2大タイトルとなっている。

一方、同じヨーロッパでも、クラブ対抗ではなく国別の対抗選手権大会を考案した人物がいた。フランスサッカー協会事務局長アンリ・ドロネーである。FIFAの役員も務めていた彼は、すでに1927年に、FIFAに対してこの大会の開催を提唱している。その時点では、ワールドカップ開催が検討段階にあり、またオリンピック競技のサッカーもFIFAがとりまとめなくてはならず、機は熟していなかった。

戦後、UEFA創立にともない国対抗の「ヨーロッパ選手権」も具体的に議論されるようになっていく。それでも、なかなか実現の見通しは立たなかった。提唱者アンリ・ドロネーは1955年に死去。クラブ対抗のチャンピオンズカップが開始されて間もないころであった。

その後、アンリの息子ピエール・ドロネーが、ガブリエル・アノの協力を得て、父親のアイディアをふたたび提案したのだが、反対する国が多かった。その筆頭は西ドイツで、ヘルベルガーは「2つのワールドカップの間は、新しいチームづくりの期間であり、ヨーロッパ選手権はその邪魔になるだけだ」と表明した。

1957年、UEFA総会がドイツのケルンで開催され、「ヨーロッパの国別対抗選手権大会」が議案として取り上げられた。英国勢は態度を保留。西ドイツ、イタリア、ベルギー、オランダ、スイスといったサッカー界では名のある国々は反対を表明するが、14カ国が賛成。賛成国のみが参加する「ヨーロッパ・ネーションズカップ」という名称の新しい選手権が誕生することになった。アンリ・ドロネーの夢は、30年たって実現にこぎつけたのである。

1960年第1回はソ連が優勝。1964年の第2回はスペイン。毎年行われるクラブ対抗の選手権と並行して、4年に一度、ワールドカップの中間年に開催されるこの大会は、次第にファンや専門家の注目を集めていく。1968年大会から、名称も正式に「ヨーロッパ選手権」と変更された。こうなっては西ドイツも参加に踏み切らざるを得ない。かくして1968年から、ワールドカップと並ぶもうひとつの主要な大会としてヨーロッパ諸国に認知された。

その1968年大会、西ドイツは予選段階でアルバニアと引き分け、同じグループにいたユーゴスラビアの後塵を拝してしまった。ユーゴは決勝まで進み、惜しくも敗れたものの大健闘である。優勝はイタリア。そのイタリアは、１９７０年ワールドカップで準優勝している。ヨーロッパ選手権は、次のワールドカップへの試金石ともいえた。

◎ 新たなチームの模索ぶ最低から最高へ ◎

１９７２年ヨーロッパ選手権は、８つのグループに分かれて予選を行い、それぞれの1位チームだけが準々決勝に進出できる。西ドイツの入ったグループ8は、アルバニア、トルコ、ポーランドとの争いである。シェーンは、オヴェラートとネッツアーを、可能な限りいっしょにプレーさせてみた。だが、思ったような効果が出ない。両名とも、私生活では仲がよく、お互いを認め合っているのだが、プレーになるとどうもかみ合わない。

収穫は、むしろベッケンバウアーであった。中盤でのゲームの組み立てをオヴェラートやネッツアーに任せ、リベロ役をこなすようになった彼は、生き生きとしかも堂々としたプレーを見せていた。精神的にもひとまわり成長した感があり、周囲の尊敬を集め、主将も任せられるようになった。

予選では、トルコやアルバニアに手を焼く場面もあったが、致命的な敗戦はなく、順調に勝ち点を伸ばして突破を決めた。

「ブンデスリーガ・スキャンダル」が起こったのはそんなさなかのことである。八百長スキャンダルにまみれた選手は使えない。シェーンは大打撃を受け、さらなる試行錯誤が続いた。

予選を通過した西ドイツと、準々決勝で対戦することになったのはイングランドであった。ふたたび、シェーンとラムゼー「宿命の対決」である。

1972年4月29日にロンドンのウェンブリースタジアムで行われる試合に備え、シェーンは選手選考を行った。記者たちはシェーンにこういった。

「ほんとうにこのメンバーでイングランドに立ち向かうつもりですか？ チャンスは皆無ですよ！」

オヴェラートとフォクツはケガで療養中。リブダ、フィヒテルをはじめとする5人はスキャンダルの疑いがある。未知数の若手を加え、限られたメンバーで戦うしかなかった。

4月24日、フランクフルトに集結した選手たちを見て、シェーンは驚いた。ネッツアーは、直前の試合でゴールポストに激突して負傷を抱えていた。ヘッティゲスはひどい風邪をひいていた。ベッケンバウアーやミュラーのFCバイエルン勢は、自チームの不振から浮かぬ顔である。手のつけようがない状態だった。

シェーンは一計を案じた。選手に過渡の期待を負わせず、リラックスしたなかでボールを使った練習を多く取り入れた。さらに気分転換もはかった。代表選手をコメディの芝居見物に連れていったのである。ふだん、なかなかそのような催しに出かける時間のない選手たちには好評であった。ミュラーなどは、その後もたびたび「また芝居に行きませんか？」と誘いかけてきたという。

練習プログラムでは、コンビネーションプレーに特に多くの時間をさいた。通常、それぞれの所属クラブでプレーしている選手たちには、相互の意思疎通が十分になるまで練習する必要があった。

そうこうするうち、選手の間に、次第にプレーへの意欲と自信がよみがえってきた。落ちこんだ状態から、選手ひとりひとりが周囲を気にせず、集中した心理状態に達していくのが見てとれた。その不思議なプロセスは、長い監督生活を送ったシェーンにとっても「最初で最後の経験だった」と述懐している。

◎ ドイツ史上最強チームの誕生 ◎

1972年4月29日。土曜日。小雨模様のロンドン、ウェンブリースタジアム。観客は満員の10万人と伝えられている。

ロンドンの新聞には「ジークフリート線突破！」という見出しが躍り、シェーンはロンメル将軍に、イングランド監督アルフ・ラムゼーはモンゴメリー将軍にそれぞれたとえられていた。

イングランド側は、ドイツが守備的な作戦に出ると読んでいた。5月13日に予定されている第2戦、ベルリンでのホームゲームに備えドイツがアウェイでの引き分けをねらってくると予想したのであろう。シェーンは、「引き気味にするな！　自分たちのゲームをやろう！」と命じてチームを送り出した。

午後7時45分キックオフ。ドイツチームは自信満々で緑のフィールドに飛び出していき、堂々と攻撃を開始した。戦術のポイントは、ベッケンバウアーとネッツアーのコンビにあった。2人の間に、ひとりが上がるときにはひとりが下がるという相互の了解があり、美しいほどのハーモニーをかもしだす。守備では、FCバイエルンのゲオルク・シュヴァルツエンベックが同僚ベッケンバウアーをサポートする。攻撃では、ボルシアMGのヘルベルト・ヴィンマーが、常に僚友ネッツアーからのパスを受けやすい位置に動く。ダイナミックな若手ウリ・ヘーネスやパウル・ブライトナーが押し上げる。ウィングはベテランのズィギィ・ヘルトに技巧派のユルゲン・グラボフスキ。攻撃陣の真ん中ではワールドカップ得点王のミュラーが待ちかまえる。

前半27分、ヘルトからミュラー、ふたたびヘルトをへてヘーネスのシュートが決まった。名キーパー、ゴードン・バンクスもお手上げだった。1対0でドイツがリードする。

後半32分に同点に追いつかれたが、その7分後ヘルトが足をひっかけられ、PKを得る。キッカーはネッツアー。キックの方向を読んだバンクスの手に触れたものの、ボールはそのままゴールに飛びこんだ。ジャンプしてよろこぶネッツアー。

さらに、終了直前、ヘーネスからのパスを受けたミュラーが、身体を素早く回転させゴールを決めた。周囲にいた5人のイングランド・ディフェンダーは、なすすべもなかった。西ドイツは、宿敵イングランドを3対1で下した。敵地ウェンブリーでは初めての勝利だった。

ベンチのシェーンには、ネッツアーの姿がいつまでも忘れられない思い出として残った。ブロンドの長髪をなびかせたネッツアーが、ウェンブリーの照明のなか、足元にボールを置いて、中盤を突進していく。40mのロングパスを繰り出したかと思えば、次はショートパス。速攻に遅攻、自由自在の攻撃。ネッツアーが自陣に戻れば、ベッケンバウアーがスーッと上がっていく。

サッカー通として知られるイングランドの観衆も、ネッツアーにボールが渡るたびに「あ〜あ……」というため息をもらした。この夜は、まさに「ネッツアーの日」だった。

引退後、シェーンはこう語っている。

「このゲームのビデオを私は所蔵している。ノスタルジックな気持ちになり、ほんとうによいサッカーが見たくなると、私は『イングランド72』というカセットを入れ、ソファーに座って思い出にひたる」

1995年、ギュンター・ネッツアーと話す機会を得たとき、私は真っ先に「あなたの代表ベストゲームは?」と聞いてみた。答えは「3対1のイングランド戦」だった。

◎ 黄金時代の頂点 ◎

西ドイツに、もはや死角はなかった。ゴールキーパー、ゼップ・マイヤー、守備の要ベッケンバウアー、中盤の指揮官ネッツアー、得点王ミュラーと各ポジションにワールドクラスの名選手がそろっていた。

ホームのベルリンではイングランドと0対0で引き分けたが、第1戦の勝利が効いて、準決勝進出。当時のヨーロッパ選手権は、準決勝に残った4カ国のうちのいずれか1国に4チームが集まって戦う方式であり、1972年は、ベルギーで行われることが決まった。

西ドイツは、ここでも準決勝ベルギー（2対1）、決勝ソ連（3対0）と危なげなく勝ち、欧州トップの座についた。1970年ワールドカップに優勝したブラジルをはじめとする南米勢が、いまひとつインパクトに欠けていたこの時代、西ドイツが世界最高のサッカーを示していたのは疑いがない。

1972年の代表チームは、現在も歴代ドイツ代表で「最強、最高」との呼び声が高い。強さだけでなく、流れるような美しさを兼ね備えたサッカーに対し、いち早く「トータル・フットボール」という称号をあたえて報道した英国の新聞もあった。

シェーンは考えた。

「勝ってカブトの緒を締めよ。2年後は地元でのワールドカップだ。そこまでこのチームを維持しなくては！」

強力なチームをつくるのは難しい。だが、それを維持するのはもっと困難だ。自国開催のワールドカップに向け、シェーンとドイツチームは、そのことを身をもって体験することになる。

2.
自国での大会を控えて

◎ オヴェラートかネッツアーか？ ◎

ワールドカップで、1966年大会準優勝、1970年大会3位という好成績を残したシェーンとすれば、自国開催の1974年大会では、是が非でも優勝を勝ち取りたいところである。ところが、グラウンド内外で大小さまざまな問題が起こり、シェーンを悩ませることとなった。

まず1973年、チームの中心にと考えていた指揮官ギュンター・ネッツアーが、突如スペインのレアル・マドリードに移籍してしまった。ボルシアMGでのヴァイスヴァイラー監督との不和といった雑音も聞こえてきた。遠いスペインでは、日常のコンディションや力量を推し量るのが難しい。

一方、オヴェラートの心理状態は、さらに複雑だった。ケガで代表から遠ざかっている間に、ネッツアーを中心とするチームが、ヨーロッパ選手権で優勝し、しかも歴代最高の代表チームとたたえられている。ただでさえ気持ちがなえているところへ、「もうオヴェラートはいらない」というファンの声が聞こえてくる。所属する1FCケルンが試合をするときなど、観客から「ネッツアー！　ネッツアー!」という叫び声が上がる始末だった。

オヴェラートほどの選手が、プレー中に考えこむようになってしまった。ささいなミス、ブーイング、自信喪失……という悪循環である。批判されるのが怖くて、新聞も読まない日が続いたという。

だがオヴェラートの価値を知っているシェーンは、ワールドカップ前の親善試合に彼を起用し続けた。ブラジル、ユーゴスラビア、アルゼンチン、スペイン。すべて敗戦であった。ネッツァーといっしょに起用されることもあったが、良くも悪くもない出来栄えである。

チームメンバーを固定できないまま、大会が近づいてきた。異国でのワールドカップでは、宿舎探しや練習場の確保が大問題となるが、自国開催となれば、その点はまったく問題ない。

優勝を目指す西ドイツチームの最終合宿地は、ドイツ北部のマレンテに設けられた。マレンテは、「シュレスヴィヒ・ホルシュタイン州のスイス」と呼ばれる風光明媚な土地である。

この合宿地で、州のアマチュア選抜を相手に、30分を3本行う形での最後のテスト試合が組まれた。最初の30分はネッツァーが出場し、オヴェラートは2本目に出場することになっていた。しかし、彼は試合を見るのがつらく、生垣の後ろでぼんやりしていた。そのとき、観客がオヴェラートにいった。

「ネッツァーが機能していない。チーム内で異分子のようだ」

この言葉がオヴェラートに自信を与え、これでふっきれたのか、フィールドに出ると以前のように思い切ったプレーができた。力がみなぎり、突進しゴールも奪った。

ネッツアーが体調を崩していたのは事実だった。いつも単刀直入にコメントするゲルト・ミュラーは、当時を振り返ってこう語る。

「1972年の、ネッツアーを中心としたコンビネーションはとてもよかった。でも、1974年大会のときのネッツアーは、コンディションが悪くてダメだった」

ネッツアー自身も認めている。

「私は、いつも周囲に慣れた選手がいないとダメだった。その点、オヴェラートは、素晴らしいチームプレーヤーだ。単独でもチームにフィットできる。代表としては、彼のほうがよりよい選手だったといえるだろう」

テスト試合の翌日、シェーンはオヴェラートにいった。

「ワールドカップにはきみを使う！」

◎　ボーナス闘争とテロ対策　◎

マレンテの合宿地では、「オヴェラートかネッツアーか？」というチーム編成上の問題と並んで、勝利の褒賞金をめぐる闘争が始まっていた。シェーンにとっては、選手たちがお金のことで騒ぎ出すというのは思いもかけないことであった。しかし、プロなら優勝のボーナスを要求するのは当然である。新聞では、イタリアやオランダの優勝賞金について報道されているのに、ドイツでは話題にもなっていない。ブンデスリーガ導入以後に育ったチャキチャキのプロ選手たちがむくれるのも無理はなかった。

もっとも、具体的な褒賞金額に関しては、代表監督の権限の及ぶところではない。ドイツサッカー連盟（ＤＦＢ）の役員たちが、選手の代表（ベッケンバウアー、ヘッティゲス、オヴェラート、ネッツアー）と交渉した。要求と提案が繰り返され、最終的には妥協案が見つかったものの、そのプロセスにおいてシェーンはかなりの疲労を感じ、消耗した。

シェーンは、新しい世代の選手たちと接していることをあらためて実感した。すでに、戦前生まれの選手はひとりもいない。「お金よりチーム」という自分自身の古い感覚を下敷きにしていたため、合宿に入る前に金銭の問題を解決しておかなかった、そのことを反省させられた。振り返れば、４年前のメキシコでのアディダスとプーマをめぐるシューズ戦争が、スポーツに商業主義が入りこむ発端であったように思われた。

さらにシェーンとチームを悩ませたのは、テロ対策の厳重な警備であった。ちょっとした気分転換をはかろうとしても、すべて警護がつくのである。１９７２年ミュンヘンオリンピックの際に起きたアラブゲリラのイスラエル選手団襲撃事件は記憶に新しかった。警備員なしでは教会にも行けず、数百メートルしか離れていない記者会見場に向かうときも、車に乗せられた。警備担当者はこういった。

「私は、ミュンヘンでその場にいたのです。今なお骨の髄まで染みこんでいます。二度とあんなことは経験したくないのです」

１９７０年のメキシコ大会が牧歌的で和気あいあいとした大会だっただけに、１９７４年の大会は、よりいっそう現実の社会問題を浮き彫りにしていた。選手には内緒にされたが、パリ発ボン経由の情報が英語でもたらされ、「ドイツ選手団襲撃が計画されている」という警告が届いたこともあったという。

ともあれ、開幕直前の大騒ぎも、けっきょくは何も起こらず、いよいよワールドカップに臨むことになった。

3. 1974年、1次リーグ

◎ 東西対決 ◎

大会前半のいちばん大きな話題は、西ドイツ対東ドイツの東西対決であった。大会半年前の１月５日。本大会出場の16チームを４つに分ける１次リーグの組み分け抽選会が行われ、東西ドイツが同じグループに配属されたのだ。運命のクジを引いたのは11歳のデトレフ・ランゲ少年。「政治家が何年かかってもできなかったことを、11歳の少年が成し遂げた」と伝えた外電もあったと聞く。

当時の西ドイツ首相ヴィリー・ブラントの側近のひとりギュンター・ギヨームが、実は東ドイツのスパイであったという事件がその直後に発覚し、ブラントの辞任にまで発展する。東西関係がきわめて緊張している時期に、初めて2つのサッカー・ドイツA代表チームがあいまみえることになった。

西ドイツのグループは、東ドイツのほか、チリとオーストラリアである。チリは、大会の予選でヨーロッパ第9組と南米第3組のプレーオフをへて勝ち上がってきた。ヨーロッパ第9組の勝者ソ連は、チリの軍事政権が首都サンチアゴのスタジアムを政治犯収容に使用したとして、対戦を拒否。その結果チリが予選を通過したといういきさつがあった。東西冷戦の1970年代を象徴するような出来事である。

1974年第10回ワールドカップ・西ドイツ大会は、6月13日フランクフルトのユーゴスラビア対ブラジル戦で幕を開けた。それまでの「開幕戦は主催国」という慣例を破り、ワールドカップ3回優勝の王者ブラジルに敬意を表する形となった。西ドイツにすれば、過度に緊張する開幕戦を避けたというのが本音であったろう。

翌6月14日。西ドイツはベルリンでチリを相手に初戦を迎えた。国民の85％が優勝を期待するなかでの登場である。ところが、寒いマレンテから酷暑のベルリンに移動したチームの出来は散々であった。前半17分、ブライトナーのラッキーなロングシュートで1対0とリードしたものの、その後はなかなか点が入らない。明らかにチリをみくびっていたこともあり、ほめられた試合内容ではなかった。

4日後のハンブルクではオーストラリアを相手に3対0。勝ったとはいえ、見栄えのしないプレーぶりであった。それでも手堅く2勝を挙げ、早くも2次リーグ進出が確定した。この大会では、ベスト8以降は、それまでのトーナメント方式に変わって、4チームずつA組、B組に分かれてのリーグ方式となっていた。

いよいよ6月22日、ハンブルクでの東ドイツ戦である。シェーンには、その試合のことが、ずっと気になっていた。かつて彼自身が身を置いていた東ドイツである。生まれ育ったドレスデンは、東西ドイツを隔てる壁の向こう側の世界になっている。東ドイツチームで10番をつけているハンス・ユルゲン・クライシェは、シェーンの昔の同僚ハンス・クライシェの息子である。父クライシェは、戦前、戦後もシェーンと同じドレスデンSCで活躍していた。1950年、彼はシェーン同様、一時西側に逃れたのだが、その後の1954年、ふたたび東に戻っていた。

東ドイツを率いるのはゲオルク・ブッシュナー。経験豊富な指導者だ。1925年生まれのブッシュナーは、1970年に就任した東ドイツ代表監督として、すでに1972年のミュンヘンオリンピックでは3位を獲得している。

東ドイツは、当時わずか16チームしか出場できなかったワールドカップ本大会に、予選を勝ち抜いてきた。地味だが決して弱いわけではない。西ドイツ絶対有利という前評判のなかでも、慎重なシェーンは決して気を抜いたりはしなかった。

試合前、西ドイツの控え室ではベッケンバウアーがチームに活を入れた。

「きょうの相手は東ドイツだ。つまり、我々は監督のためにもプレーするんだ。わかったか？」

ところが試合は、まったく思わぬ展開を見せた。シェーンには、チームが投げやりで集中力に欠けているように思われた。数多いチャンスをつくり出しながら、ゴールが決まらない。状況を打破しようと、後半、ファンの声援が高まった機をとらえてネッツアーを投入したが、何も変わらなかった。悲運の名手ネッツアーのワールドカップ出場は、わずか20分に終わった。

優勝候補と互角に渡り合った東ドイツは、後半33分、速攻からユルゲン・シュパールヴァッサーが得点し、1対0で逃げ切った。試合後のハンブルクの観衆は、予想外の結果に棒立ちだった。グループ1位は東ドイツ、2位が西ドイツとなり、ともに2次リーグに進んだ。

2次リーグ　A組　東ドイツ、ブラジル、オランダ、アルゼンチン
　　　　　　B組　西ドイツ、ユーゴスラビア、スウェーデン、ポーランド

AとB、それぞれの組の1位同士が決勝を、2位同士が3位決定戦を戦う。

4. 2次リーグ

◎ ふたたびスウェーデン ◎

東ドイツに敗れたことで、シェーンは、ベッケンバウアー、ミュラーという頼りになるベテランとも話し合い、選手側の意見も取り入れてメンバーを大幅に変えた。チーム内にショックが走った。

西ドイツの入ったB組の初戦の相手はユーゴスラビアだった。会場はそれまでのベルリン、ハンブルクから南下して、ライン河畔のデュッセルドルフに移動した。ルール工業地帯に近いこの地方には、ユーゴからの外国人労働者が多い。試合当日の周辺のアウトバーン（高速道路）には、ユーゴ国旗を掲げたバスが列をなしていた。

6月26日のユーゴ戦では、新たに起用された若手のライナー・ボンホフがよい動きを見せ、チームの活力源になったこともあり2対0で勝ち、調子を上げていった。

2戦目の相手はスウェーデン。シェーンの人生にいつもつきまとう宿敵である。シェーンが代表選手として出場した最初と最後の試合。また、西ドイツ代表監督として最初の試合……すべて相手はスウェーデンだった。

北欧のスウェーデンは、人口こそ少ないが、時として優れた選手を生み出す国である。国内にプロリーグがないため、優秀な選手は海外のチームに飛び出していく。同国出身の有名女優にイングリット・バーグマンがいるが、俳優でもサッカー選手でも、この国の人々には積極的に海外に出るバイタリティがある。この傾向は今も変わらない。

FIFAには創立時の1904年から加盟し、オリンピックでは、1924年パリ大会銅メダル、1948年のロンドン大会では優勝の金メダル、1952年ヘルシンキ大会ではふたたび銅メダル。ワールドカップでは1938年フランス大会4位、1950年ブラジル大会3位、自国開催だった1958年大会は決勝まで進出しながら、惜しくもブラジルに敗れ準優勝。最近では1994年のアメリカ大会で3位に入っている。派手さはないが、サッカー界では欧州の古豪である。

日本サッカーが世界にデビューした1936年のベルリンオリンピックでは、1回戦でこのスウェーデンとあたった。優勝候補の一角に挙げられていた相手に対して日本は果敢に戦いを挑み、0対2の劣勢から、最後は3対2と逆点勝ちした。それ以来、日本とスウェーデンは親密な関係を保っている。第２次大戦後の交流に、いち早く来日したのもスウェーデンのチームであった。

１９７４年西ドイツ大会でのスウェーデンチームは、１次リーグでオランダと引き分け、ウルグアイを３対０で破っている。たやすく組み伏せられる相手ではない。

６月30日。スウェーデンとの試合は、雨のなかでの熱戦となった。前半26分、クリアミスからスウェーデンのトップ、長身のエドストレームにゴールを許す。シェーンには、東ドイツ戦の悪夢がよみがえりそうになった。ところが、ライン河畔の人々は陽気である。デュッセルドルフのファンは、非難の口笛を吹いたり、一気に黙りこくるということをせずに、心の底から声を絞り出して「ドイチュ・ラント！　ドイチュ・ラント！」の大声援を送った。チームは勇気づけられ、活気づく。

ハーフタイムの時点で１点のリードを許していたが、シェーンは「いいぞ、その調子！」と元気づけた。

後半開始５分、ヘーネスの独走からオヴェラートに渡り、１対１の同点に追いつく。さらにその直後、今度はボンホフのシュートで２対１と突き放す。スウェーデンも反撃しサンドベリが決め２対２。オヴェラートからサンドベリの得点まで、わずか３分という短時間である。スタジアムを、ハラハラドキドキの緊張感が支配していた。

そのまま均衡を保った試合は、後半途中から交代出場したグラボフスキが、78分に勝ち越しゴールを決めて３対２となった。さらに89分、ミュラーがペナルティエリア内で倒された。ヘーネスがＰＫ

を決め、4対2。苦しみながらも2勝を挙げた西ドイツにとって、残る対戦相手はポーランド。2年前のミュンヘンオリンピックの金メダルチームである。

◎　ポーランドと雨中の決戦　◎

当時、ソ連や東欧を中心とする社会主義国の選手たちは「ステートアマ」と呼ばれていた。国家が丸抱えで、才能ある選手を育成する。身分はいちおうアマチュアなので、オリンピックにも出場できる。かくしてオリンピックのサッカーでは、ソ連や東欧の社会主義国が毎回上位を争っていた。ちなみに1972年のミュンヘンオリンピックは、1位ポーランド、2位ハンガリー、3位東ドイツ、ソ連という結果に終わっている。それでも、アマチュアだけのオリンピックと、プロも出場するワールドカップはまた別のレベルという確固とした認識があった。

ただ、このポーランドの強さは本物だった。なにしろ「サッカーの母国」イングランドを予選で退け、本大会の1次リーグでは前回大会準優勝のイタリアを蹴落としたのである。優れたカウンター攻撃をもつポーランドは、隠れた優勝候補ともいえた。

ポーランド戦の試合会場は、中部ドイツのフランクフルトに移った。シェーンは不安だった。ビデオでポーランドの試合は確認ずみである。いやおうなく相手の長所が見てとれた。中盤のデイナを中心に、俊足で素早いフォワードのラトーとガドハ。いくら地元での戦いとはいえ、勝負はふたを開けてみなければわからない。ただし、それまでの勝ち点から、西ドイツはたとえ敗れても3位決定戦には進出できる。

7月3日。試合当日。フランクフルトには大雨が降った。グラウンドは水浸しで、ピッチは泥沼と化していた。主審を務めるオーストリアのリネマイヤーは、キックオフを見合わせ、20分後に様子を見て判断するという結論を下した。その間、選手たちはロッカールームで最後の準備に余念がない。よいリズムを感じたシェーンは、ぜひとも試合を実行したいと思っていた。

20分後、主審は試合の決行を宣言。予定より30分ほど遅れてゲームが開始された。ベッケンバウアーほどの名手でも、ボール扱いに苦しむコンディションである。この試合でズバ抜けていたのはドイツのキーパー、マイヤーだった。次から次へと飛んでくるボールを、ことごとくキャッチしてしまう。

0対0のまま、後半に入った54分。2次リーグから新たに先発で起用されるようになった左ウィングのベルント・ヘルツェンバインが、ペナルティエリアの中で倒された。ドイツのPKである。しかし、ヘーネスの蹴ったPKはトマシェフスキに止められてしまった。

それでも攻勢は続き、75分、ヘルツェンバインからパスを受け取ったボンホフが相手選手ともつれるうち、ボールが跳ねた。「そこにいた」のがミュラーである。バウンドにうまく合わせてシュートすると、ボールはポーランドゴールに飛びこんだ。1対0。両手を上げて万歳するミュラーに、ドイツの選手たちが駆け寄る。大事なところで決めたのは、やはり「爆撃機」ゲルト・ミュラーであった。

このまま試合は終わり、西ドイツは決勝に進んだ。シェーンにとって2度目のワールドカップ決勝である。

5. 西ドイツ対オランダ

◎ オレンジ旋風とクライフ ◎

今でこそオランダは世界の強豪といわれているが、ワールドカップで活躍したのは、36年ぶりに出場を決めた1974年大会が初めてといってよい。

地理的にイングランドに近いこともあって、オランダサッカーの歴史は古い。1889年にサッカー協会が創立され、初期のオリンピックでは3回3位入賞を果たしている。FIFAにも創立の1904年から加盟し、1934年と38年の2回のワールドカップに出場していた。

プロ化は戦後の1954年だが、1960年代後半になってようやくアヤックス（アムステルダム）と、フェイエノールト（ロッテルダム）の2強が次第に力をつけ、ヨーロッパのカップ戦でも活躍するようになっていた。

1970年代に入るとオランダのクラブチームの強さが際立っていく。まず1969／70シーズンに、フェイエノールトがヨーロッパ・チャンピオンズカップを獲得。凱旋したチームを迎えたロッテルダム市民の熱狂振りは「狂った木曜日」として報道された。

翌年、首都アムステルダムに本拠を置くアヤックスが続く。アヤックスは1970年にチャンピオンズカップに初優勝すると、その後3連覇（1971―73）を果たした。

ところがクラブチームの隆盛とは対照的に、オランダ代表はこれといった成績を残していなかった。このときの代表チームも、予選段階では、さほどの注目を集めたわけではない。

予選では、アイスランド、ノルウェー、それに隣国の宿命のライバルであるベルギーの4カ国とともに欧州第3組に配属されたオランダは、ベルギーとのアウェイ戦を引き分けたほかは無敗で勝ち進んだ。ベルギーも同様だった。

1973年11月18日。雌雄を決する予選最終戦。オランダは、地元にベルギーを迎え猛攻をしかける。ベルギーも応戦し、主審の笛が50回以上鳴るという激しいゲームであった。0対0のまま残り90秒となったとき、ベルギーのゴールが決まった。ところが、審判の判定はオフサイド。試合はそのまま引き分けた。

両チームとも6試合4勝2分けとまったくの互角ながら、得失点差（オランダ　得点24、失点2、

＋22／ベルギー　得点12、失点0、＋12）でオランダが辛くも予選を突破した。悔やんでも悔やみきれないのはベルギーだ。なにしろ6試合で失点0の無敗なのである。無失点でも予選突破はかなわない。16チームしか出場できなかった当時のワールドカップは、ほんとうに厳しかった。

本大会出場を決めたオランダだが、ワールドカップ直前になって監督が交代した。オランダは、なぜかその後も、肝心なときにお家騒動のようなゴタゴタが起こる。新しく指揮をとることになったのはリヌス・ミケルス。アヤックスの基礎を築いた名指導者である。本大会まで時間がないのをうまく利用し、基本的な約束事で選手間の共通理解を深めていった。かつて指導したアヤックスの選手が多かったことも幸いした。ミケルスは語る。

「それまでアヤックスとフェイエノールトの選手たちは、決してひとつにまとまることがなかった。それが１９７４年大会では、初めてチームとしてまとまった。それは素晴らしいことだった」

中心選手のヨハン・クライフは大会を前にこう予想した。

「我々はダークホースだ。でも、決勝にだって進出できるかもしれない」

クライフの言葉通り、1次リーグのオランダは素晴らしい戦いを見せた。スウェーデンには0対0で引き分けたものの、ウルグアイ（2対0）、ブルガリア（4対1）を下す。ブルガリア戦の失点は自殺点なので、まったく危なげのない1次リーグ突破である。

このころからオランダへの評価が高まっていく。ビデオも一般化されておらず、他国のTV放映もない、まだ情報の少ない時代であった。噂には聞いていても、実際のプレーを目の当たりにするのは初めてという人が多かった。ピッチを縦横無尽に駆けめぐるオランダのオレンジ色のユニフォームは、ファンに鮮烈な印象を与えた。


オランダの快進撃は2次リーグに入っても止まらなかった。アルゼンチンを4対0で下すと、ファンや専門家の間では「優勝候補筆頭」の声が高くなっていった。

東ドイツにも2対0の勝利。1次リーグの西ドイツ戦で決勝ゴールを決め一躍ヒーローとなった東ドイツのシュパールヴァッサーが、「サッカー人生で初めてタイムアップの笛を待ちわびた。何もできなかった」と完敗を認めている。2勝を挙げたオランダは、決勝戦に一歩近づいた。

2次リーグA組、最終戦はブラジル対オランダ。前回王者に新進気鋭のチームが挑む。ところが、強かったのは挑戦者のほうであった。2対0でオランダの勝利。特にクライフの挙げた2点目は、走りこんで空中に飛び上がりながら決めた、みごとなボレーシュートだった。

力強い攻撃と並んで、当時のオランダは、大胆なオフサイドトラップが持ち味だった。クライフはこう語っている。

「オフサイドトラップをかけ、横一線の守備陣が一気に上がりながら、手を挙げて叫ぶんだ。そして線審（現在の副審）を見てアピールする。あるいは、ひとりがファウルで倒されると4、5人が駆け寄って相手を威圧する。これもチームプレーだったし、効果はあったよ」

36年ぶり出場のオランダが初めて決勝進出を決めた。

◎　仮想試合　◎

1974年第10回ワールドカップ・西ドイツ大会決勝の舞台は、バイエルン州の古都ミュンヘンである。シエーンは1966年大会の決勝で、イングランドの頭脳、ボビー・チャールトンを徹底マークしたように、今回もオランダのキープレーヤーにターゲットを絞っていた。鬼神ともいえる活躍を見せるヨハン・クライフだ。

自陣から敵陣までのフィールド全体をカバーするクライフの動きを中心として、全員に「攻撃と守備」の意識を徹底させたオランダの新しいスタイルは、「トータル・フットボール」と呼ばれた。ドイツチームは、そんなオランダのプレーを熟知していた。ただ、それでもクライフは謎だった。彼を止めるにはどうすればいいのか？

シエーンは、西ドイツチームでいちばんタフな守備者であるベルチ・フォクツを呼んでこう説明した。

「ベルチ、クライフをおさえなくては、オランダの意のままになってしまう。私としては、うちのいちばんのディフェンダーを彼につけたい。ベルチ、きみだ！　きみがクライフにあたってくれ！」

ボルシアMG所属のフォクツは、1970年大会前から頭角を現してきた選手である。小学生のときに両親を亡くした彼は、シェーンにいわせれば、あたたかさをチームに求めていた。決して大言壮語することなく、謙虚に物静かに、なにごとにつけても一所懸命努力するその姿は、多くの人に感動を与えていた。ウーヴェ・ゼーラーが引退した後、それまでの「ウーヴェ！　ウーヴェ！」というドイツ代表への声援が、「ベールチ！　ベールチ！」と代わったのを見ても、フォクツがいかにファンに愛されたかがわかる。

クライフ番としてフォクツを指名したものの、実際のグラウンド上ではどんなイメージになるのであ

▲ベルチ・フォクツ（中）、ゼップ・マイヤー（右）と

ろうか。決勝戦の2日前、シェーンは、風変わりな練習試合を行った。ドイツの控えメンバーを使って、「仮想オランダ」チームをつくってみたのである。

ギュンター・ネッツアーが「クライフ役」を引き受けた。大会が進むにつれ、ネッツアーは本来の調子を取り戻しつつあったのだが、すでに遅すぎた。シェーンは、ハーモニーの出てきたチームのリズムを崩したくなかった。

この紅白試合でのネッツアーは出色だった。彼は自分自身のスタイルからクライフを完全にコピーした。その他の控え選手たちも、それぞれにオランダの選手をイメージしてプレーした。控え選手たちは慣れない役割をそれぞれ十分にこなし、真剣勝負のリハーサルが可能になった。

当初は、フォクツがハーフウェイライン付近でクライフを待ちかまえるという想定であった。練習試合が始まった。クライフに扮したネッツアーは、自陣のペナルティエリアをうろつき、ボールをとると前進した。フォクツは作戦通りに途中で待ちかまえるのだが、あまりにネッツァーが自陣に深く戻ったり、また逆に上がってきたりするのでうまくいかない。フォクツがシェーンに困ったとばかりに合図を送り、試合は中断された。

「監督、相手があんなに下がっては、つかまえきれません」

フォクツのぼやきに、チームメートから笑いが起こった。

「よし、ベルチ、とことんつきまとってやれ！」

後にシェーンはこう語った。

「この瞬間、私たちは勝利への基礎を築いたのである」

1995年9月、50歳をむかえたベッケンバウアーの誕生パーティが、ミュンヘンで開かれた。その席上、偶然、隣に居合わせたフォクツに、私は仮想試合のことを聞いてみた。フォクツは、かたわらのネッツアーを指しながら、「そうさ、彼がクライフ役をやったんだ」と答えてくれた。それが耳にはいったのであろう。ネッツアーがふりむいた。

「何の話だ?」

フォクツが、私の質問をくりかえすと、ネッツアーは事もなげに言った。

「ああ、そうだよ!」


決勝を戦うメンバーについて、シェーンはアシスタントコーチのユップ・デアヴァル、主将のベッケンバウアーと入念な打ち合わせを行った。前任者ヘルベルガーがピッチ上の「監督の片腕」として主将のフリッツ・ヴァルターを重用したように、シェーンはベッケンバウアーに全幅の信頼を置いていた。東ドイツに敗れてからは、ベッケンバウアーもはっきりと意見を述べるようになっていた。

守備面ではクライフにフォクツを当てるとしても、攻撃面での課題が残った。ことにオランダは積極的にオフサイドトラップをしかけてくる。シェーンは、その対策としてドリブルによる突破を思いつき、グラボフスキとヘルツェンバインを左右のウイングに配置することにした。ドリブルが得意なこの2人は、同じアイントラハト・フランクフルトに所属しており、コンビネーションも悪くない。彼らには、左右からどんどん中に切れこむよう指示した。それにより、中盤から攻め上がるヘーネスやボンホフのために、外側にスペースができるからである。

やるべきことはすべてやり、準備は終わった。初戦のチリ戦や話題となった東ドイツ戦の前に比べ、シエーンは、決勝を控えて自分自身が非常に落ち着いていると感じていた。

決勝当日、会場のミュンヘンのオリンピック競技場に向かうバスのなかで、シエーンはもう一度聞いた。

「みんな自分のシューズはもっているか?」

大事なゲームを前にすると、興奮して時には商売

西ドイツのメンバー	オランダメンバー
ゼップ・マイヤー(GK)	ヤン・ヨングブルート(GK)
ベルチ・フォクツ	ヴィム・シュールビール
パウル・ブライトナー	ヴィム・レイスベルヘン
ゲオルク・シュヴァルツェンベック	アーリー・ハーン
フランツ・ベッケンバウアー(主将)	ルート・クロル
ウリ・ヘーネス	ヴィム・ヤンセン
ヴォルフガング・オヴェラート	ヨハン・ニースケンス
ライナー・ボンホフ	ファン・ハネヘム
ユルゲン・グラボフスキ	ジョニー・レップ
ゲルト・ミュラー	ヨハン・クライフ(主将)
ベルント・ヘルツェンバイン	ロベルト・レンセンブリンク

レネ・ファン・デ・ケルクホーフ
(46分にロベルト・レンセンブリンクと交代)
デ・ヨング(68分にレイスベルヘンと交代)

道具を忘れる選手も出てくるという。実際、1970年メキシコ大会の3位決定戦で、守備の中心ヴィリー・シュルツがスパイクを忘れ出場できなかった。

スタジアムの控え室の前で、シェーンはオランダ監督のリヌス・ミケルスと出くわした。互いの幸運を祈りつつも、本音は別であることを、2人は十分に承知していた。

◎ 日本へ生中継―決勝戦 ◎

1974年7月7日、日曜日。世界のファンの注目を集めるなか、ワールドカップは決勝の日を迎えた。このゲームは、初めて日本にテレビで生中継されるワールドカップのゲームだった。

ベッケンバウアーがコインのトスに勝ち、サイドを選択したため、オランダのキックオフとなって試合開始。オランダは、いきなりボールをまわし始めた。確実に、堂々と。シェーンには、それがまるで相手を挑発するスタイルで知られるプロボクサー、モハメド・アリのように思えた。

開始後、シェーンがベンチに座ったばかりのとき、クライフにボールが渡った。クライフはそのままドリブルで前進し、左翼に向かって進路をとる。フォクツは、まだつかまえきれていない。クライフが一気に加速する。フォクツが必死に追い、へーネスも食い下がる。ペナルティエリアのライン上でクライフは倒れた。イングランド人の主審ジャック・テイラーの笛が鳴る。ＰＫである。

ワールドカップの決勝。開始1分。地元チームに対してのPK宣告。ドイツチームは、まだ一度もボールに触れていない。場内は沸き立つが、ベンチのシェーンの目には、妥当なジャッジに思われた。がっかりするどころか、むしろ淡々としていた。

「あれだけきっちりと反則をとってくれるなら、こっちにもチャンスがある」

オランダのニースケンスのキックが決まり、ドイツは試合開始1分で0対1のハンディを背負うことになった。

後に、私はベッケンバウアーにこのときの心境を尋ねたことがある。彼はいった。

「どうってことなかったよ。あと89分あると思っていたからね」

試合が進むにつれ、ドイツ選手たちはチームの意図と自分たちの役割を的確に遂行していった。フォクツはクライフをおさえ、オヴェラートが中盤を仕切る。ベッケンバウアーはリベロとしてフィールド全体に目を配っている。ブライトナー、ボンホフが積極的に攻撃参加する。

前半25分、左からヘルツェンバインがドリブルで突進すると、ペナルティエリア内で、思わずオランダのヤンセンが足をひっかけてしまった。テイラー主審の笛。今度はドイツのPKである。チーム内の決めごととして、PKはミュラー、ヘーネス、ブライトナーのうち、そのときにいちばん自信のある者が蹴ることになっていた。

そして、この場面で敢然とボールを手にしたのは、意外にもバックスのひとり、パウル・ブライトナーだった。テレビ中継のアナウンサーが声を上げた。

「おー、ブライトナーですよ！」

ワールドカップ決勝の1点ビハインドという緊張のなか、ブライトナーは落ち着きはらってゴールを決めた。試合は1対1の振り出しに戻った。

ブライトナーのＰＫにはエピソードがある。決勝の翌日、彼は家で試合の再放送を見ていた。

「背番号3（ブライトナー自身のこと）が画面に出てきて、ボールをつかんだ。そしてボールをセットしている……。その瞬間、体中から汗が噴き出した。オレは、なんてことをしたんだ。もうそれ以上画面を見ていられず、消してしまった……」

一日たって緊張感が襲うとは、ユニークな感覚と言動で知られたブライトナーらしい。

同点に追いついたドイツは、主導権を握って攻め続ける。前半終了間際の43分。右サイドからボンホフが突進、中にいたミュラーめがけてゴロのセンタリングを送った。ミュラーの言葉である。

「オレは前に走り、ちょっと戻った。ボールがくる。左足に当たって弾んでしまった。で、すぐ右足で左のコーナーめがけて流しこんだ」

強いシュートではなかったが、タイミングとコースがよく、キーパーも動けなかった。これが決まってドイツが2対1とリードした。ハーフタイム直前のリードは、シェーンには理想的だった。この時間帯のゴールは、相手チームの心理状態に大きな影響を与えることを長年の経験で知っているからである。

前半終了後、クライフがテイラー主審に食ってかかり、イエローカードを提示された。シェーンにもベッケンバウアーにも、クライフが冷静さを失いかけていることが見て取れた。

後半、オランダは猛攻を見せた。ボンホフ、ブライトナー、フォクツ、ベッケンバウアーが身を挺して防ぐ。ミュラーやオヴェラートまでが自陣に戻って守備をする。キーパーのマイヤーは、数え切れないほどの危ないシュートを止めた。

ドイツにもチャンスはあった。そのうちの一度は明らかなPKだったが、審判の笛は鳴らなかった。きれいに決まったミュラーのゴールもオフサイドと判定された。

百里の道は、九十九里をもって半ばとせよ、という日本のことわざがある。長旅では、最後の1時間がいちばん長く感じるともいわれる。この試合、シェーンには、最後の数分が特に耐えがたかった。繰り返し何度もサインを送った。あと3分……あと2分……あと1分…。

終了のホイッスルが鳴った。スタジアムは歓喜の大爆発となった。控え選手もスタッフも全員ベンチを飛び出した。シェーンは、しばらくの間立ち上がれなかった。後に本人が語るところによれば、このときの彼は猛烈な感激もなく、「人生の夢がかなった」という大仰な感情も起きなかった。ただ「ああ、そうか」という気持ちだった。

6. シェーンの引退と時代の終わり

◎ 現役を退く ◎

ワールドカップ優勝を花道に、オヴェラート、ミュラー、グラボフスキの３人はドイツ代表を引退していった。シェーン自身も引退を考えたが、周囲に説得されて、結局は１９７８年アルゼンチン大会まで、西ドイツ代表監督を務めた。

その間、１９７６年のヨーロッパ選手権では準優勝を飾る。チェコスロバキアとの決勝は、２対２のまま延長に入り、それでも決着せずＰＫ戦による惜しい敗戦であった。しかし、この時期を境にドイツのチーム力は次第に落ちていった。

将来の中心選手と見られたブライトナーは、ネッツアーと同じスペインのレアル・マドリードに移籍し、その毒舌もあってドイツサッカー連盟（DFB）との関係がギクシャクしていた。ヘーネスは、ケガが尾を引いて不調が続いた。こうして「黄金時代」を支えた名プレーヤーたちが、ひとりふたりと代表を去っていった。

そこに、さらに追い討ちをかけるように、仰天するようなニュースが飛びこんできた。

「ベッケンバウアー、アメリカへ移籍」

税金や離婚の私的な事情を抱えていたベッケンバウアーが、アルゼンチン・ワールドカップを1年後に控えた1977年、FCバイエルンからアメリカのプロチーム、ニューヨーク・コスモスに移ってしまったのである。シェーンにとって、ベッケンバウアーは代表チームになくてはならない存在であった。1978年大会でも、ベッケンバウアーを中心としたチームづくりを想定していた。計画が狂い、「大幅黒字が急になくなった経営者」のように感じられたという。

そのころ、アメリカのサッカーは、ペレに代表されるような欧州や南米の元スター選手を集める一大市場になりつつあった。それでも、米国内では、依然としてアメリカンフットボール、バスケットボール、野球の三大スポーツが主流で、サッカーは一時的なブームにすぎないと見られていた。アメリカのサッカーは、アメリカの子供たちによってプレーされてこそ、本物になる。シェーンには、アメリカのサッカー関係者のやり方が、まるで家を屋根からつくっていくように思われた。

「そんなアメリカで、フランツはいったい何を望んでいるのだろう……」。シェーンには、それがいぶかしかった。

それでも、１９７８年第11回ワールドカップ・アルゼンチン大会にベッケンバウアーは欠かせないと考えたシェーンは、ＤＦＢを通じて、コスモスとの間で繰り返し交渉を行った。コスモス側の回答は「アルゼンチンでの本大会だけ出場を認める」というものだった。

ドイツ国内では、「アメリカから直接アルゼンチン入りして、そのままピッチに立つことになってもベッケンバウアーを連れていくべきだ」という世論が強くなった。しかし、シェーンは反対した。代表チームには、その間にも新しいメンバーが加入し、南米遠征や厳しい練習をこなしている。そこへ、ぶっつけ本番で、いきなりベッケンバウアーを加えることは、チームづくりのうえで危険をともなう。せめてワールドカップの準備期間に合流させることはできないだろうか。ＤＦＢとコスモスの間で、ふたたび交渉がもたれたが進展はなく、ベッケンバウアーの出場はかなわなかった。

１９７８年６月、西ドイツは、前回優勝国として予選免除で第11回ワールドカップ・アルゼンチン大会に臨んだ。世界の強豪チームが、それぞれ世代交代の時期にさしかかっていたこともあり、レベルからいえば平凡な大会だった。オランダと地元アルゼンチンの戦いとなった決勝は、延長の末３対１でアルゼンチンが初優勝し、国内は大いに盛り上がった。

シェーンは、将来の西ドイツ代表の中核となる若手を、アルゼンチンに連れていった。カール・ハインツ・ルムメニゲ、ハンジ・ミュラー、マンフレート・カルツ……。

ドイツチームは、なかなかメンバーを固定できなかったが、それでも1次リーグを突破し、ベスト8に残った2次リーグでは、イタリア（0対0）、オランダ（2対2）と引き分けた。最後のオーストリアとの一戦は、もうひとつのオランダ対イタリア戦の経過をにらみながらの試合となった。大差をつけて勝てば決勝に、悪くても引き分ければ3位決定戦には進めるという状況であった。

ところが、シーソーゲームの末、1931年以来一度も負けていなかった隣国オーストリアに、2対3という47年ぶりの歴史的な敗戦を喫してしまう。その結果、決勝はおろか3位決定戦にも進出できなかった。4回のワールドカップにドイツを率いたヘルムート・シエーンの、これが最後の試合となった。代表監督の後任には、アシスタントコーチであるユップ・デアヴァルの昇格がすでに内定しており、引き継ぎもスムーズに行われた。

1978年11月15日。フランクフルトでの西ドイツ対ハンガリーの親善試合の前、ヘルムート・シエーンの引退セレモニーが行われた。

当時、ドイツに留学中だった私は、学生寮のテレビで実況中継を見ていた。この時は60分を過ぎたあたりから濃霧がたちこめ、そのまま試合が中止になるという、なにか不思議な夜であった。いつもハンチングをかぶっていたことから「帽子の男」と呼ばれたシエーンは、こうして世界サッカーの表舞台から去っていった。

1996年2月22日。「世界でいちばん成功した代表監督」ヘルムート・シェーンは、ドイツのヴィースバーデン市で静かにこの世を去った。享年80歳。晩年はアルツハイマー性の認知症であったという。

シェーン夫人アンネリーゼは、そんな夫を見せたくなかったのであろう。シェーンの晩年を知る人は、ごくわずかである。代表チームで、シェーンにかわいがられたヘルムート・ハラーが見舞いを申しこんでも、面会はかなわなかった。

14年におよぶシェーンの監督在任中に、西ドイツ代表は栄光の時を迎えた。ドイツが、ブラジルやイングランドに初めて勝ったのもシェーンの時代である。ワールドカップでも、世界のサッカー強国と肩を並べる実績を積み上げた。

英国の新聞「ガーディアン」は、シェーンを「サッカーのマエストロ」とたたえた。

第5章

ドイツサッカー現状と将来

◆西ドイツ監督時代の
ベッケンバウアー

1. シェーン以後のドイツ

◎　ベッケンバウアーの代表チーム　◎

ヘルムート・シェーンは、将来のドイツ代表監督としてフランツ・ベッケンバウアーを考えていた。それは、ちょうどヘルベルガーが、自らの後継者としてフリッツ・ヴァルターをイメージしていたことと似ている。

ただし、慎重なシェーンは、婉曲にこう表現した。「フランツが、必要な勉強を修めれば、デアヴァルと共同で任にあたれるだろう」

ケルンのスポーツ大学で指導者養成コースを受け、しばらくはデアヴァルのアシスタントコーチとして経験を積み、いつの日か……。シェーンの気持ちを推察すれば、このようなものであったろう。しかし、ベッケンバウアーがアメリカのプロチームに移籍したことで、その思惑が狂ってしまった。

ともあれ、西ドイツは、シェーンが代表監督を退いてからも、ワールドカップとヨーロッパ選手権を目標の2本柱としてチームづくりを行っていった。

シェーンの後任、ユップ・デアヴァルの時代には、ようやくルムメニゲの世代が台頭し、1980年のヨーロッパ選手権で優勝を勝ち取る。その勢いで1982年のワールドカップ・スペイン大会でも準優勝までこぎつけた。エースである主将ルムメニゲのほか、代表に復帰したパウル・ブライトナー、新しいゴールゲッター、クラウス・フィッシャー、それに若きドリブラー、ピエール・リトバルスキといった名手もいたのだが、ベッケンバウアー、ネッツアー、ミュラー、オヴェラートの世代を知っているファンは、なにか物足りなさを感じたはずだ。

1984年のヨーロッパ選手権、デアヴァルの率いるチームが1次リーグで敗退すると、監督交代論が世間に渦巻いた。ドイツの新聞に、ベッケンバウアーの言葉として、こんな見出しが躍った。

「オレが行く!」

▲フランツ・ベッケンバウアーと

半信半疑でファンが成り行きを見守るなか、1984年7月14日、ベッケンバウアーは正式に「監督」に就任した。指導者に必要なライセンスをもたないため、「代表監督」ではなく、「チームシェフ」という新しい肩書きがつくられた。名称はともかく、実質は「西ドイツ代表監督」である。結果として、シェーンが望んだ通りとなった。

ベッケンバウアーの代表チームは、1986年の第13回ワールドカップ・メキシコ大会で準優勝する。決勝の相手はアルゼンチンであった。会場は、アステカ・スタジアム。かつて1970年の大会で、シェーンやベッケンバウアーがイタリアとの死闘を繰り広げた競技場だ。

劣勢の0対2から、コーナーキック2本をうまくゴールに結びつけ、同点に追いつく。最後は天才ディエゴ・マラドーナにしてやられた形となったが、2対3の敗北は上出来ともいえた。

自国開催となった1988年のヨーロッパ選手権では、準決勝に進出。ハンブルクで宿敵オランダと対戦した。1974年ワールドカップ決勝の再現といわれたが、このときは1対2で敗れた。

1990年第14回ワールドカップはイタリアで開催された。ドイツは、ベッケンバウアーのもと、ドイツ国内はもちろん、イタリアをはじめとするヨーロッパ各国で活躍するスター選手が代表に集結した。ローター・マテウス、ユルゲン・クリンスマン、ルディ・フェラー、アンドレアス・ブレーメ、ユルゲン・コーラー、トーマス・ベルトルト、トーマス・ヘスラー、ギド・ブーフヴァルト、ピエール・リトバルスキ……。少年時代、選手ベッケンバウアーに憧れた世代である。

外国で働く選手が「外人部隊」と呼ばれ、代表への招集に苦労していたシェーンの時代とは、隔世の感があった。すでに、己の技量を武器に、活躍の舞台を世界に求める正真正銘のプロ選手の時代となっていた。

西ドイツは、前評判はさほど高くなかったものの、強豪国を退け、1982年ワールドカップから3大会連続となる決勝に進出した。相手はふたたびアルゼンチン。試合内容は平凡ながら、後半フェラーが倒されて得たPKをブレーメが決め、1対0で勝った。西ドイツとしては通算3度目のワールドカップ制覇。ベッケンバウアーは、選手時代の1974年に続き、今度は監督として優勝を祖国にもたらした。

この年、1990年は、ドイツの歴史にとって、そして世界史的に見ても大きな節目だった。10月3日、戦後2つの国に分裂していた東西ドイツが再統一された。この結果、サッカー界では、東と西の名選手を合わせれば最強チームができる…と喧伝された。しかし、ベッケンバウアーの後を継いだドイツ代表監督ベルチ・フォクツは、新旧交代に苦しんだ。

ヨーロッパ選手権では、1992年に準優勝、1996年に優勝を飾ったものの、1994年アメリカ、1998年フランスでの2回のワールドカップは、いずれもベスト8にとどまった。ドイツのサッカーファンの要求は高い。ワールドカップのベスト8では満足感はなく、失望だけである。

代表監督の座は、その後エリッヒ・リベック、ルディ・フェラーと継承された。フェラーは、2002年日本・韓国共同開催の第17回ワールドカップで、チームを準優勝に導く成果を挙げたのだが、2004年のヨーロッパ選手権では1次リーグ敗退で辞任。同年8月からはユルゲン・クリンスマンが監督に就任し、2006年自国開催のワールドカップに向けて態勢を整えてきた。

世界の国々のレベルが上がり、かつてのような「横綱相撲」はとれなくなっているのだが、黄金時代を知る人々は、常に強いドイツを求めているのである。

DFBも、1990年代に若手への切り替えに苦しんだ反省から、代表への選手の供給源としてのU21（21歳以下）やU19（19歳以下）の代表といった下部組織を充実させた。また、ドイツ人らしい長期的展望のもと、将来のタレント発見を目指し、ドイツ全土に網を張るスカウトシステムも導入している。これは、世界的に定評のあった旧東ドイツの育成システムを手本にしたものと思われる。これらの試みは、少しずつではあるが効果が現れ、機能し始めている。真の意味で実を結ぶのは、2010年以降のワールドカップかもしれない。

ベッケンバウアーは、その後ドイツサッカー連盟のワールドカップ招致委員会トップとして、世界中をかけめぐり、ワールドカップ招致に奔走した。その結果、2000年7月、第18回ワールドカップのドイツ開催が決定。以後は、組織委員会の長としてなお多忙な日々を送っている。2006年大会終了後は、UEFAかFIFAの会長選挙に出馬するともいわれている。

しかし、周囲の強い要請とはうらはらに、本人はいたっておおらかにかまえている。サッカー界ですべてを成し遂げてきたといっても過言ではないベッケンバウアーである。会長職についても、「まあ、なるようになるさ」という心境なのであろう。

2. 南北ドイツ

◎ 南北対抗 ◎

かつてのドイツには、日本の戦国時代や江戸時代のように各地に多くの小国があり、それぞれに君主がいた。プロイセン（英語でプロシア）を一大強国にしたフリードリヒ大王、ディズニーランドのシンデレラ城のモデルともいわれるノイシュヴァンシュタイン城をつくらせたバイエルンのルートヴィヒII世などは、ドイツ文化やドイツの歴史に興味をもつ人なら一度は耳にしたことのある名前であろう。

現在「ドイツ連邦共和国」と呼ばれるこの国の領土は、「神聖ローマ帝国」といわれた時代から今日まで、常に変わってきている。神聖ローマ帝国は、10世紀にはヨーロッパ中央部の広大な地域にまたがる国であったが、その末期にはかなり範囲が狭められ、1806年の消滅時の地図を見ると、ほとんど現在のドイツ、オーストリアにベルギーとチェコの一部を加えた程度に過ぎない。一時は300ほどもあった国内の小国は、時代の流れのなかで次第に数を減らし、この時代には30余りになっていた。

こうした流れのなか、北ドイツに起こった新興勢力がプロイセンである。プロイセンは、もう一方の雄であるオーストリアとの戦いを制した後、1871年に宰相ビスマルクの力により、南ドイツ諸国と北ドイツ諸国の統一を果たし、ドイツ帝国が誕生した。イギリスやフランスが、ロンドンやパリを中心に、いち早く全体的な国家をつくり上げたのとは対照的に、「ドイツ」は、ヨーロッパのなかでは後発であった。そのため、アジアやアフリカでの植民地獲得競争にも遅れをとり、それが直接的、間接的に、第1次と第2次の大戦につながっていった。

二度の敗戦を経て東西に分裂したドイツは、1990年に再統一を果たし、かつてのプロイセンの都ベルリンも、あらためて国の首都としての整備が進んでいる。そんなドイツだが、決してベルリン中心の中央集権国家になったわけではなく、今なお地方色の濃い国であることに変わりはない。国内では国籍を示す「ドイツ人」という言い方とともに、出身地別に「ベルリン人」「ハンブルク人」「ミュンヘン人」といった呼び方をすることが多い。

日本では、関東と関西が大きな文化圏として存在し、たとえばプロ野球の巨人と阪神のように、東京と大阪の強いライバル意識がしばしば冗談めかして語られるが、同じような図式をドイツに求めるとすれば、さしずめ北部ドイツ（プロイセン）と南部ドイツ（バイエルン）の対抗意識ということになるだろう。

私は、北部ドイツのルール工業地帯にあるボーフム市と、南部ドイツのバイエルン州ミュンヘン市にそれぞれ1年間暮らしたことがある。堅実で合理的というドイツ人一般の特性は南北で共通しているものの、今なお北部では「実直、几帳面、真面目、徹底主義、完全主義、時間厳守」といった昔のプロイセンのイメージを色濃く感じることが多い。それに対し、ドイツのなかでも特に郷土意識の強い南部バイエルンでは、「オレたちはドイツではない。プロイセンとは違うんだ。自由国家バイエルンだ！」と胸をはる人によく出会う。

たとえば、あいさつの言葉ひとつとっても、北と南では表現が異なっている。我々日本人が、ドイツ語を習うときに、真っ先におぼえる Guten Tag（グーテン・ターク、こんにちは）というあいさつは、実は北部の言い方であり、これがバイエルンに入ると Grüß Gott（グリュース・ゴット）という表現になる。「所変われば、品変わる」という言葉は、まさにドイツにこそ当てはまるであろう。

サッカー界では、まずチームの命名からして地方色がうかがえる。北部の強豪にボルシア・ドルトムントやボルシア・メンヘングラットバッハというチームがある。この「ボルシア」という名称は、「プロイセンを象徴する女人像」の名に由来するもので、武骨なサッカーチームに優雅な名前を冠しての命名となっている。また、南にはご存じＦＣバイエルン、あるいはミュンヘン１８６０といったチームがあり、ドイツのサッカーでは、南北ともに町や地域の名前（雅称）がチーム名としてそのまま使用されていることがわかる。

企業名を前面に押し出したうえに、さらにタイガースやジャイアンツといったマスコット的な愛称をつけている日本のプロ野球とはおおいに異なっており、この点からすれば、アメリカの強い影響を受けたプロ野球よりも、むしろアマチュア野球で使われる「都市対抗」という言葉のほうが、ドイツサッカーのイメージには近いかもしれない。

北部ドイツには、前述の両ボルシアをはじめ、ヴェルダー・ブレーメン、ハンブルクＳＶ、ヘルタ・ベルリン、一方、南部にはミュンヘン以外にも、ＦＣニュルンベルク、ＶｆＢシュトゥットガルト、ＦＣフライブルクといったチームが存在するので、チーム名と所在地を地図上で確認するだけで、そのままちょっとしたドイツ旅行の気分にひたれるであろう。

最近は、以前にも増してサッカー界のビジネス化が加速し、有望選手のスカウト合戦や移籍もますます盛んになっている。当然のことながら、期待の若手選手が必ずしも地元のチームでプレーするとは限らない時代ではあるが、ファンの大半は選手の出身地にかかわらず常に地元チームに熱い声援を送っており、この点は昔も今もまったく変わっていない。

◎ 住みたい町ナンバーワン、ミュンヘン ◎

南ドイツ・バイエルン州の州都であるミュンヘンは、ドイツ人にも人気の高い町だ。以前ドイツで「あなたの住みたい町ナンバーワンはどこですか?」というアンケート調査を行ったところ、ミュンヘンが一番であったという話を聞いた。

大都会のわりにのんびりしており、人々の表情もやわらかく、ひとなつっこい。ドイツ人のよく使う言葉にGastfreundlichkeit(ガストフロイントリッヒカイト、「お客様をあたたかくもてなす気持ち」の意)という単語があるのだが、ミュンヘンに代表されるバイエルン地方では、住民の天性の陽気さもあってか、ドイツのどこにもましてこの気風を実感することが多い。

ミュンヘンからは、晴れた日にはアルプスを望むことができる。オーストリアとの国境も近いので、オーバーバイエルン(上部バイエルン)と呼ばれる南の地域を、一日ドライブしてまわるコースは、観光客の人気スポットになっている。

歴代のバイエルン王が築いたリンダーホーフ、ホーエンシュヴァンガウ、ノイシュヴァンシュタインといったお城や別荘、エッタル修道院、それにユネスコ世界遺産に登録されている草原のなかのヴィース教会といった名所旧跡を辿り、ついでにオーストリアに一歩踏み入れて、またすぐドイツに引き返す。国境が地続きで接しているヨーロッパならではの醍醐味である。

ドイツ・オーストリア国境は、今ではパスポート検査もなく、フリーで行き来できるし、周辺には、１９３６年冬季オリンピックの開催されたガルミッシュとパルテンキルヘン、ヴァイオリンづくりで有名なミッテンヴァルト、10年に一度、村民が自ら演じる「受難劇」で知られるオーバーアマガウなど、いかにもバイエルンらしい小さな町が点在しており、おすすめのコースといえよう。

バイエルンはもともと王国で、精神的、文化的にはプロイセン風の北部ドイツより、むしろ隣国オーストリアに近い雰囲気がある。ビスマルクの時代、オーストリアをも含んだ「大ドイツ」として統一するか、あるいはオーストリアを除いた「小ドイツ」とするかでさまざまな駆け引きや議論があったそうだ。結果は、歴史が示す通り「小ドイツ」でまとまったわけだが、もしこのときに、バイエルンがドイツ帝国に加わらず、オーストリアとひとつになっていたら、その後のドイツ史やサッカー史も大分変わったものになっていたことであろう。

第２次大戦終了時にも、戦後のドイツ処理をめぐって、時の英国首相ウィンストン・チャーチルが、ドイツの南北分割論を提案したといわれており、いつの時代でも北と南の対立する図式は変わらない。

◎　南部の雄ＦＣバイエルンの始まり　◎

第２次大戦前から、ドイツサッカーは、それぞれの地域リーグでの優勝チームが、全国選手権を争ってチャンピオンを決める仕組みになっていた。それが、１９６３年に全ドイツ（当時は西ドイツ）を統括するブンデスリーガが開始され、個々のチームが地域を超えて直接ぶつかり合うようになったため、各都市の強烈なライバル意識が、より一層過熱する結果となった。特に北と南は、1970年代のボルシアMG対FCバイエルン、80年代のブレーメン対FCバイエルン、90年代のボルシア・ドルトムント対FCバイエルン……といった具合に、常に優勝候補同士がしのぎを削り、ドイツサッカーの「南北戦争」ともいえる熱い戦いを繰り広げてきた。

このような戦いを続けながら、世界でも屈指のリーグに成長したブンデスリーガで、常に北部諸チームの挑戦を受け続けてきたのが、ミュンヘンに本拠を置くFCバイエルンだ。頭文字をとってFCB（エフ・ツェー・ベー）と呼ばれることもある。2002年日韓共同開催のワールドカップ大会で、ドイツ決勝進出の立役者となり、最優秀選手に選ばれたオリバー・カーン選手の所属チームである。

FCBの創立は、1900年2月27日。第2次大戦前に、一度だけドイツチャンピオンになったことがあるが、その後目立った活躍はなく、古豪ではあるものの、国のトップレベルを維持し続けていたわけでもなかった。1963年に、全国的なブンデスリーガが始まった際も、基本的に1都市から1クラブという原則が適用されたため、同じ町のライバルチームであるミュンヘン1860の後塵を拝してしまい、ブンデスリーガ入りはならなかった。

創設時のブンデスリーガ加入を逃したFCBだが、有望な若手選手を鍛えつつリーグ入りをねらった。そして2年後の1965年、地域リーグからの勝ち上がり戦に勝利し、ついにブンデスリーガ入りを果たすのである。その中核をになったのがキャプテンのヴェルナー・オルク（元柏レイソルコーチ）であり、ゼップ・マイヤー、フランツ・ベッケンバウアー、それにゲルト・ミュラーといった期待の若手たちであった。

ブンデスリーガに加わった初年度（１９６５／６６シーズン）に、いきなり3位という好成績をおさめ、この時期を境に、躍進の歴史が始まっていく。次第に地力をつけたチームは、１９７０年代に入ると飛躍的な成長を遂げるのである。ブンデスリーガ3連覇、ヨーロッパ・チャンピオンズカップ（現在のヨーロッパ・チャンピオンズリーグ）3連覇、さらにインターコンチネンタルカップ（後のトヨタカップ）も勝ち取り、ヨーロッパレベルを超えて、世界的なクラブへと駆け上がっていった。

主力選手のベッケンバウアーやミュラーは、ドイツ代表チームでも活躍し、１９７４年には自国開催のワールドカップも制した。当時のＦＣＢからは、次の6人が常時西ドイツ代表レギュラーとして出場していた。

ゼップ・マイヤー（ひょうきんな仕草で人気のある名ゴールキーパー）、フランツ・ベッケンバウアー（チームの中心で、守備も攻撃も抜群のスーパースター）、パウル・ブライトナー（サイドバックのポジションから盛んに攻撃に参加する個性派）、ゲオルク・シュヴァルツェンベック（ベッケンバウアーと抜群のコンビで、敵フォワードを止める長身のストッパー）、ウリ・ヘーネス（中盤のダイナモ。スピードとテクニックに優れたチャンスメーカー）、ゲルト・ミュラー（「国の爆撃機」と名づけられた稀代のゴールゲッター）。

名ゴールキーパーに守備の要、チャンスメーカーに得点王……、これだけの主軸選手が、そのまま国の代表になっていたわけだから、なるほど強かったこともうなずける。

ＦＣＢは、その後も、カール・ハインツ・ルムメニゲ、ローター・マテウス、シュテファン・エッフェンベルク、オリバー・カーン……といった名選手を輩出し、屈指の強豪の座を維持しているのは周知の通りである。

3. 東西ドイツ

◎ 東ドイツのクラブは今？ ◎

２００５年夏のドイツサッカーの話題に、「ハンザ・ロストック降格」というニュースがあった。過去10年間、常にブンデスリーガ１部の座を維持していたＦＣハンザ・ロストックが、２００４／０５シーズンの成績不振により2部リーグに落ちることになった。これにより、旧東ドイツのチームはすべて1部リーグから姿を消してしまった。

東ドイツ勢が結果を残せない原因は、加速する商業主義にある。東西統一後、東ドイツのクラブは、西のプロリーグであるブンデスリーガに統合されていき、それまでの牧歌的なクラブ運営から一転して、プロチームの経営へと方向転換を迫られた。スポーツ誌の関連記事に表れる単語を拾うだけでも、ビジネス優先の問題点が浮き彫りになってくる。Management, Marketing, Sponsorといった英語系の外来語、"Misswirtschaft"（経営の乱れ）、"Insolvenz"（破産）といった専門用語、さらには"ein finanzielles Harakiri"（経済的ハラキリ）という過激な表現まで見られる。社会主義の東ドイツ時代には想像もつかなかった風潮である。

チーム財政維持のためには、下部組織から育つ有望な若手選手でも、裕福なクラブに放出しなくてはならない。旧東ドイツの一流チームであったディナモ・ドレスデンから、1990年代に旧西ドイツの名門クラブに移っていったマティアス・ザマーやウルフ・キルステンがよい例である。彼らはその高い能力を存分に発揮し、移籍後も大活躍した。

現在のドイツ代表にも旧東ドイツ出身者は多い。おなじみのミヒャエル・バラック（現FCバイエルン）はケムニッツFC出身。高いテクニックで異彩を放つベルント・シュナイダー（現レーバークーゼン）は、カール・ツァイス・イエナの出身である。優秀な若手が、そのまま出身地周辺のクラブにとどまるようになれば、また旧東ドイツ地域も活性化してくるだろう。そのためには何をなすべきか、そして、今後いかに経営の舵取りをしていけばよいのか、関係者の苦悩は続く。

◎ 英国人コーチ、ホーガン ◎

そんな難問を抱えた旧東ドイツ地域から、ただ1都市だけ２００６年のワールドカップの試合会場に選ばれたのが、ザクセン州のライプツィヒだ。首都ベルリンからおよそ１５０㎞南に下ったこの町は、ドイツサッカーの歴史と深くかかわっている。

１９００年、全国を統括するドイツサッカー連盟が誕生したとき、その本部はライプツィヒに置かれた。また、１９０３年に開始された第1回ドイツ選手権のチャンピオンチームもＶｆＢライプツィヒであった。このクラブは、最初の12年間で6回決勝に進出し、合計3度ドイツチャンピオンに輝いている。サッカー連盟の本拠があり、しかも強豪クラブを有していたライプツィヒは、初期のドイツサッカーの中心地だったのである。

第2次大戦後、ドイツは東西に分断され、東ドイツは独自にサッカー協会を設立。本部はベルリンに置かれたが、国のスタジアムとして定められたのは、１９５６年に完成したライプツィヒの中央スタジアムであった。10万人近い収容能力をもった観客席は、東西ドイツを合わせても最大級であったが、２００６年のワールドカップ開催に向けて、その後の使用も視野に入れた全面改修がなされた。現在は、収容人数4万5千人のコンパクトな規模に生まれ変わっている。音楽家バッハや文豪ゲーテの町、そしてメッセの町として知られるライプツィヒの新たな名所となることだろう。

ライプツィヒと並ぶザクセン州の大都会、「エルベ河畔のフィレンツェ」と謳われたドレスデンも、また古くからサッカーの盛んな町である。第2次大戦後、その伝統を引き継いだディナモ・ドレスデンは、東ドイツ時代のトップリーグであったオーバーリーガで、8回の優勝を飾っている。

この町がサッカーで有名になったのは、ヘルムート・シエーンの所属していたドレスデンSCの活躍によるところが大きい。そして、このドレスデンSCをドイツ有数のチームに育て上げたのが、英国人コーチ、ジミー・ホーガン（1882―1974）であった。

ホーガンは、アイルランド系の家庭に生まれたイングランド人である。母国でプロ選手としてのキャリアを積んだ後、ヨーロッパ大陸に渡り、オランダ、スイス、オーストリア、ハンガリー、ドイツといった国々でサッカーの指導をした。

彼の指導を受けたオーストリアは、1920年代に「奇跡のチーム」"Wunderteam"と呼ばれる代表チームを生み、ハンガリーは、1953年11月、「サッカーの母国」イングランドを、初めてそのホームで破るチームとなった。ドイツには、1920年代後半から30年代前半にかけて滞在し、その間の4シーズン、ドレスデンのコーチを務めた。

ホーガンはイングランド人でありながら、むしろスコットランドサッカーの信奉者であった。ファイトむき出しで体をはるイングランド流よりも、テクニックとコンビネーションプレーのスコットランド流を重んじた。シエーンも、このホーガンから、キックやタックルといった技術をはじめ、戦術、それに試合への心がまえなど、サッカーの基礎を伝授された。シェーンにとって、ホーガンは、ゼップ・ヘルベルガーと並ぶサッカーの師であった。

ホーガンは、ひとりのサッカー指導者として、ヨーロッパ大陸の多くの国や人に影響を与えた。そして、彼の教えは、シェーンをはじめとする多くの教え子を通じて、時代を超えて継承されていったのである。

こんなエピソードがある。ヘルベルガーは、「身体が乾いているほどよい」として、選手がビールを飲むことには反対した。この点は、1960～70年代のイングランド代表監督アルフ・ラムゼーも同じ意見のようだ。

逆にシェーンは、選手が試合前日に1、2杯のビールを飲むことには寛容だった。選手が翌日の試合への緊張感から、不安に満ちてベッドに入るよりはずっといいと考えたのだ。西ドイツチームは、1974年のワールドカップ決勝前日にも、ビールを飲んだおかげで熟睡できたという。これは、「試合の前日には、ビアホールで黒ビール大ジョッキを1杯ひっかける。で、あとはぐっすり眠る」というホーガンの教えを、シェーンがずっと忠実に守ったからである。

◎ 輝かしいオリンピックでの戦績 ◎

社会主義の国、旧東ドイツには、当然のことながらプロ選手は存在しなかった。全国から運動能力のある少年少女が選抜され、特定の競技種目について集中トレーニングを受ける。スポーツを通じて世界にその力をアピールしてきた東ドイツは、オリンピックのサッカーでも素晴らしい成績を残した。1972年ミュンヘン大会で銅メダル、1976年モントリオール大会では金メダル、1980年モスクワ大会で銀メダルと、3大会連続で上位入賞を果たしている。

東ドイツが、予選を勝ち抜いてワールドカップに出場したのは、1974年大会が最初にして最後である。東西両ドイツの対決も、このときの1回きりで、その後は行われなかった。再統一が成された今となっては、冷戦時代のひとコマとして、語り継がれていくであろう。

振り返ってみれば、戦後異なる2つの国として再出発した東西ドイツは、サッカーにおいてもそれぞれにサッカー協会を設立し、独自の道を歩んできた。クラブレベルでは、ヨーロッパ・チャンピオンズカップ等の対抗戦で、東西チームの対戦が何度も行われた。時に東のチームが勝利することはあっても、ホームとアウェイのトータル結果で次のラウンドに進むのは、たいていの場合、西ドイツのチームであった。当時、世界の頂点にあるといわれたプロリーグ、ブンデスリーガをもち、名選手を多数輩出していた西ドイツのサッカーには、さすがに一日の長があったということであろう。それでも、東の栄光が消えることはない。東西ドイツが残した偉大な記録を列挙しておく。

<table>
<tr><th colspan="3">ドイツ</th></tr>
<tr><td>1934年</td><td colspan="2">ワールドカップ3位</td></tr>
<tr><td colspan="2">西ドイツ</td><td>東ドイツ</td></tr>
<tr><td>1954年</td><td>ワールドカップ優勝</td><td></td></tr>
<tr><td>1964年</td><td colspan="2">東京オリンピック3位（統一ドイツとして参加）</td></tr>
<tr><td>1966年</td><td>ワールドカップ準優勝</td><td></td></tr>
<tr><td>1970年</td><td>ワールドカップ3位</td><td></td></tr>
<tr><td>1972年</td><td>ヨーロッパ選手権優勝</td><td>ミュンヘンオリンピック3位</td></tr>
<tr><td>1974年</td><td>ワールドカップ優勝</td><td>ワールドカップベスト8</td></tr>
<tr><td>1976年</td><td>ヨーロッパ選手権準優勝</td><td>モントリオールオリンピック優勝</td></tr>
<tr><td>1980年</td><td>ヨーロッパ選手権優勝</td><td>モスクワオリンピック準優勝</td></tr>
<tr><td>1982年</td><td>ワールドカップ準優勝</td><td></td></tr>
<tr><td>1986年</td><td>ワールドカップ準優勝</td><td></td></tr>
<tr><td>1988年</td><td>ソウルオリンピック3位</td><td></td></tr>
<tr><td>1990年</td><td>ワールドカップ優勝</td><td></td></tr>
<tr><td colspan="3">ドイツ</td></tr>
<tr><td>1992年</td><td colspan="2">ヨーロッパ選手権準優勝</td></tr>
<tr><td>1996年</td><td colspan="2">ヨーロッパ選手権優勝</td></tr>
<tr><td>2002年</td><td colspan="2">ワールドカップ準優勝</td></tr>
</table>

4. ブンデスリーガとヨーロッパサッカー

◎ 一流選手は年間50〜60試合 ◎

ブンデスリーガと呼ばれるドイツのプロリーグは、毎年8月にシーズンがスタートし、翌年の5月まで熱戦が繰り広げられる。毎週土曜日の午後を中心に、1部リーグ18チームがホーム・アンド・アウェイ方式でゲームを行い、各チーム年間34試合を戦う。ホーム・アンド・アウェイというのは、地元の本拠地での試合（ホーム）と敵地での試合（アウェイ）を交互に消化していくシステムで、ドイツに限らずヨーロッパでは普通に行われているやり方である。たとえば、南ドイツを代表するFCバイエルンと北部ルール工業地帯の古豪FCシャルケ04のカードは、1シーズン中にバイエルンの地元ミュンヘンで1回、シャルケの地元ゲルゼンキルヘン市で1回の計2回が組まれることになる。こうしてすべてのチームと総当たり戦を行いながら、8月にスタートしたシーズンが翌年の5月まで続いていく。

ドイツでは降雪の多いクリスマス前から1月下旬までを中休み期間としているため、8月から12月中旬の前期終了時までに、各チームがそれぞれ1回ずつ当たっての計17試合を消化するよう日程が組まれている。2月初旬からの後期は、まったく同じ組み合わせながら、ホームとアウェイが入れ替わる日程となっている。

以前は、18チームの全9試合が土曜日の午後3時半に同時にキックオフされるのが通例であった。最近ではヨーロッパカップ戦が主に水曜日に行われるので、日程調整やテレビ放映の影響もあり、9試合中の2、3試合が前日の金曜日か翌日の日曜日にまわされることもめずらしくなくなった。大幅な収益増が見込まれるテレビ放映やヨーロッパカップ戦は、今後さらにビジネス化していくであろうサッカー界においては、チーム経営上ますます大事な収入源となっていくことが予想される。

ところで、ヨーロッパの一流チーム、一流選手は、シーズン中どのくらいの試合数をこなすのであろうか。欧州の主要サッカー国では、リーグ戦と並んで勝ち抜き方式のトーナメント戦（=カップ戦）が同時進行で行われる。1年間の試合数が決まっているリーグ戦と異なり、カップ戦では勝ち進めばそれだけ試合数が増えることになり、選手の負担はいやがうえにも増していく。

さらに、各国リーグの前年度優勝チームと上位チームは、他国の上位チームと覇を競うチャンピオンズリーグやUEFAカップ（ヨーロッパサッカー連盟杯）といった大会にも参戦することになる。こちらも熱のこもった試合がヨーロッパ規模のホーム・アンド・アウェイで消化されるので、抽選の組み合わせによっては、西はポルトガルのリスボンから、東はロシアのモスクワという具合に、移動だけでも大変なエネルギーを使うことになる。

以上はあくまでも各選手の所属するクラブレベルでの話であり、一国の代表に選ばれるような名選手は、ここにさらに年間10試合前後の代表ゲームが加わることになる。

ドイツの名門ＦＣバイエルンの中心でドイツ代表でもあるオリバー・カーン選手やミヒャエル・バラック選手を例にとってみよう。レギュラーの彼らは、まずブンデスリーガ34試合で、負傷等のよほどのことがない限り、フル出場が期待されている。そこに、どこまで勝ち進むかによっても変わってくるが、毎年上位進出の見こまれるドイツカップやヨーロッパのカップ戦が合わせて15試合前後加わってくる。さらに代表ゲームが10試合ほどとなれば、トータルで50～60試合はこなす勘定になる。もちろん、ここには調整目的の練習試合、不定期に組まれる記念試合やチャリティ試合は含まれていないし、そのうえ当然のことながら毎日のようにトレーニングがある。少年たちの憧れのプロサッカー選手も、決して楽な職業ではない。

5.
ドイツの学校とサッカークラブ

◎　学校のクラブと町のクラブ　◎

「１９４５年ミュンヘン生まれ。１９５４年ＳＶ１９０６ミュンヘンに加入。１９５８年から１９７７年までＦＣバイエルン・ミュンヘン所属……」

「１９４５年ネルトリンゲン生まれ。１９５５年から６４年までＴＳＶネルトリンゲンでプレー。１９６４年から７９年までＦＣバイエルン・ミュンヘン所属……」

▲ゲルト・ミュラーと（FC バイエルンの練習場にて）

ドイツのサッカー選手の伝記やプロフィールを読むと、よくこんな記述にぶつかる。ここに紹介した2つは、ドイツサッカーを代表する「皇帝」フランツ・ベッケンバウアーと、「爆撃機」ゲルト・ミュラーについてのプロフィールだ。2人とも、有名なFCバイエルン・ミュンヘンに入る以前に、生まれ故郷のクラブに加入していたことがわかる。ベッケンバウアーは、9歳から13歳までSV1906ミュンヘンに、ミュラーは10歳から19歳までTSVネルトリンゲンに、それぞれ所属していた。

日本のJリーガーの場合「出身校と所属チーム」の記載になるだろう。これは、日本の選手の多くが、高校や大学の「サッカー部」を経て、プロ選手になっていることを示している。

地域にあるクラブでプレーするドイツと、学校の部活動でサッカーをする日本の大きな違いがここに

ドイツのクラブ名には、略称が使われている場合が多い。以下に代表的なものをまとめておく。

「クラブ」にあたるさまざまな名称（代表的なもの）

通称	正式名称	訳語
BV	Ballspielverein	球技クラブ
FC	Fußball Club	サッカークラブ
FV	Fußball Verein	サッカークラブ
SC	Sport Club	スポーツクラブ
SV	Sportverein	スポーツクラブ
TSV	Turn- und Sportverein	体操とスポーツクラブ
VfB	Verein fur Bewegungsspiele	運動クラブ
VfL	Verein fur Leibesübungen	体育クラブ
SpVgg	Spielvereinigung	競技クラブ

見られる。ドイツでは、町の大小を問わず、いたるところに地域に根ざした「クラブ」が存在する。スポーツに限らず、楽器、歌、ダンスなどの文化クラブもある。

では、日本の小・中学生にあたる年代のドイツの少年少女は、どのような「クラブ活動」を行っているのだろうか。学校では、高学年になれば午後の授業が入ることもあるが、基本的には午前中で終わりだ。子供たちは一度帰宅し、それから思い思いに自分の好きなスポーツや文化活動のできるクラブに通う。もちろん強制ではない。

練習開始時間は、低学年の子供で4時ごろから、高学年になると6時以降になることが多いようだ。回数は、週2、3回といったところが平均である。その感覚からいえば、むしろ日本の塾に近い。各クラブには、専任かどうかは別として、ちゃんと指導者やコーチがいる。ゲルト・ミュラーも現在はこうした町のクラブのコーチをしている。

秩序を尊ぶドイツ人は、組織づくりに長けている。スポーツクラブでは、下部から上部にいたるピラミッド型がきちんと構築されている。たとえばサッカーでは、身近な町の地区リーグに始まり、郡リーグ、州リーグ、全国を10地域に分けた上部リーグ、北部と南部の地域リーグ、ブンデスリーガ2部、ブンデスリーガ1部といった具合である。これらを統括するDFBは、世界最大のスポーツ連盟となっている。

具体的にはどんなクラブで、どのような活動が行われているのだろう。サッカーのブンデスリーガに所属する有名クラブの例を見てみよう。

ＦＣバイエルン・ミュンヘン「サッカー、ハンドボール、卓球」など

ヘルタＢＳＣベルリン「サッカー、卓球、ボクシング」

ヴェルダー・ブレーメン「サッカー、ハンドボール、陸上競技、卓球、体操、チェス」

ＴＳＶ１８６０ミュンヘン「バスケットボール、登山、ボクシング、サッカー、重量挙げ、ハンドボール、陸上競技、レスリング、スキー、テニス、体操」

このほか、クラブによっては、ホッケーや柔道やボウリングの部門をもつところもある。サッカーに限らず、バラエティに富んだ種目を用意していることがわかる。スポーツの場合、各クラブでは年齢別のチーム構成になっていることが多い。子供たちは、成長の段階で、常に同じ年齢の子供たちのチームに入り、他のクラブの同じ年代のチームと対外試合をするわけである。将来的にそのスポーツや活動を続けるかどうかは、各自で判断することになる。

また、クラブを移るのは、自由意思にもとづくこともあれば、優秀選手のためスカウトされて、より大きなクラブに加入する場合もある。ＦＣバイエルンに入った経緯でいえば、ベッケンバウアーは前者で、ゲルト・ミュラーが後者ということになる。

6. 商業主義とボーダーレスの時代へ

◎ 上がる移籍金 ◎

シェーン引退後の1980年代、スポーツ界にはさまざまな変革がおとずれた。象徴的だったのは、1984年、アメリカ、ロサンゼルスでのオリンピック大会である。税金をまったく使わないという新しい発想でオリンピックが開催され、話題を呼んだ。

これをきっかけとして、それまで少しずつ兆候として現れていたことが、一気に噴出した。スポーツにおける商業主義の加速である。クラブやスポンサーとの契約、勝利のボーナス、肖像権。シェーンが予期していたように、すべてにビジネスがからむスポーツの商品化が始まった。

1990年代に入り、それまで予測もされなかった状況が現れた。東西ドイツの再統一に代表されるような社会主義の崩壊である。これにより、イデオロギーから経済最優先の時代に突入した。

サッカー界でも、国の枠を越えて、旧ソ連や東欧諸国の名選手たちが、こぞってイタリア、スペイン、イングランドといった国々の著名なクラブに移っていく。そうした傾向は、ブラジルやアルゼンチンといった南米の強豪国でも同じであった。サッカー界の隆盛は、世界の経済と無関係ではなくなった。今なお、名選手の多くは、ヨーロッパに活動の舞台を求めている。

さらに、選手の移籍の自由化に拍車をかけたのが、「ボスマン判決」だ。ベルギーのサッカー選手ジャン・マルク・ボスマンが、契約更改に際してクラブ側ともめ、訴訟を起こした。ボスマンはこれに勝訴。移籍金やEU内での国籍問題に大きな一石を投じるきっかけとなったのである。

地方の弱小クラブは、将来有望な若手を強いクラブに売ることで、財政を成り立たせてきた。それがボスマン判決により、クラブ側に入る移籍金が見こめなくなった。そのため「裕福な有名クラブ」と「その他」という二極化がさらに進むことになった。

強豪クラブとて、別の問題を抱え、安閑としてはいられない。チームの維持には莫大な経費がかかるのだ。プロの選手は、当然それなりの報酬を要求するし、一流になればなるほど、報酬も高く見積もらなくてはならない。すでに、スタジアムにくる観客の入場料収入だけでは、とてもやっていけない時代になった。スポンサー、テレビの放映料、グッズの販売……。あれやこれや知恵をしぼってのクラブ経営が続くことになる。

◎ ドイツサッカーの抱える問題点 ◎

ドイツに目を転じても、さまざまな問題点が浮き出ている。たとえば、旧西ドイツの強豪クラブと旧東ドイツのクラブでは、大きな差が現れているのだ。旧東のクラブは、それまでの社会主義制度のなかでのクラブ運営から、プロチームの経営へと方向転換を迫られた。経済格差は、いまだ解消されていない。

さらに外国人選手の問題がある。現在のブンデスリーガの50％近くは外国籍の選手で占められている。チェコ、ポーランド、ハンガリー、旧ユーゴスラビアのボスニア・ヘルツェゴビナ、スロベニア、クロアチアといった近隣諸国はいうにおよばず、ブラジル、アルゼンチン、ウルグアイ、イラン、韓国、日本と、世界中から選手が集まってくる。

外国人選手の流入で、ドイツの若手選手は出場機会が減り、若い才能がなかなか芽を出せない状態である。

国籍の問題もある。トルコ系の移住者が増えた今、ドイツとトルコ両方の国籍をもつ若手選手は、どちらの代表としても選ばれる可能性があるので、関係者は躍起になっている。

英国、フランス、オランダといった古くから植民地系の外国人の移入が多かった国には、他民族との共生で、長年培ってきたそれなりのノウハウや慣れがある。いくつもの国と国境を接しているドイツも、これまで周辺地域からの移入がないわけではなかったが、ここ20～30年で急激に外国人が増加した。国の政策として外国人を積極的に受け入れる姿勢は見せても、一般市民はまだまだ慣れておらず、外国人を見る目にはどこか不信感が垣間見える。

それでも、すでにミュンヘン市の4人にひとりは外国系という状況が生まれている。

「50年後のドイツの大統領はトルコ系」というジョークも、あながち絵空事ではない。牧歌的ともいえた1960~70年代とは、まったく異なった環境になった。

シェーンが監督を務めていた1970年代の半ば、ドイツ代表に黒人選手が選ばれたときは大きな話題となった。戦後、ドイツに駐屯していたアメリカ兵とドイツ人女性との間に生まれた混血選手であった。今は、ガーナ出身のドイツ代表、ブラジル生まれのドイツ代表がいる時代であり、ファンもごく当たり前のこととして受け止めている。

世界的には、サッカーが大きなビジネスになった。シェーンが、イタリアやスペインといった他国のリーグで活躍する選手の「借り出し」に腐心したころと比べても、時代は大きく変わった。クラブの利益が優先し、試合日程が過密になった今では、外国のクラブどころか、国内のクラブから選手を招集するときにも気を使わなければならない。

ワールドカップのような国の対抗戦と、国内リーグやチャンピオンズリーグに代表されるクラブ対抗戦とを、どのように位置づけ、試合日程を組み、選手の選抜を行っていくのか。ドイツとそのサッカー代表が、ボーダーレスの時代、そして経済第一主義の時代のなかでどんな形で生き残りをかけていくのか。大きな変革の時が、おとずれているような気がする。

エピローグ

私がサッカー・ドイツ代表に興味をもった直接のきっかけは、1970年の第9回ワールドカップ・メキシコ大会であった。サッカーそのものを知ったのは、もう少し前のことで、1964年東京と1968年メキシコの両オリンピックにはさまれた時期である。

東京オリンピックでベスト8に進出した日本代表チームが、次のメキシコオリンピックでの活躍を期待され、子供向けの雑誌にも「サッカー紹介」記事や、サッカーを題材としたマンガが掲載されるようになっていた。

日本にまだサッカーのプロ組織がなく、オリンピックこそが一番の目標とされていた頃の話である。ワールドカップも、「アマチュアだけのオリンピックより、さらにレベルの高い大会」という噂をおぼろげに聞いていた程度で、具体的なイメージなど何ももっていなかった。現在のように大々的なテレビ中継もないあの当時、サッカー関係者やよほどのファンでもないかぎり、ワールドカップの存在すら知らない人がほとんどであったろう。

1960年代半ば、少年の人気スポーツといえば、野球がすべてといってもよく、故郷の千葉県銚子ではことに盛んだった。野球好きの父の影響もあり、小学生の頃には、私もちょくちょく仲間たちと草野球をしていた。ユニフォームは贅沢品であり、みんな普段着のまま公園や空き地に集まって、三角ベースの野球をやった。

そうやって毎日のようにいろいろな仲間と遊んでいると、自然に上手下手が分かってくる。上手な子は、とにかく足も速くパワーもあって、私などは、どうしてもかなわない。野球の上手な子供たちは、陸上、水泳、ドッジボール、相撲……と、なんでも得意な万能選手であった。市の小学生大会ともなれば、どのスポーツでもいつも同じ顔ぶれがそれぞれの学校の代表に選ばれ活躍していた。彼らの多くは地元の県立銚子商業高校野球部に進み、3年生になった1974年、夏の甲子園大会で全国制覇を果たしたのである。

そんな土壌をもつスポーツの盛んな町であるにもかかわらず、市内のどこの小・中学校にもサッカー部だけはなかった。すでに1968年の秋、日本代表チームはメキシコオリンピックで銅メダルを獲得しており、全国的にサッカー人気が高まりを見せていたはずなのだが、私の田舎ではサッカー独特の「白黒亀の甲ボール」すら、まだ珍しかった。

そんなある日、書店で1冊の本を見つけた。「サッカー世界のプレー」。1970年にメキシコで開催された第9回ワールドカップが、たくさんの写真と詳細な記事で紹介され、現地の興奮や感動がそのまま伝わってくる思いがした。同じ時期、当時、海外サッカーを伝える唯一の番組であった「ダイヤモンド・サッカー」が、メキシコ大会全32試合のほとんどを放映した。本で読み、写真で見た選手の名プレーが、動く画面として再現される。週に一回、45分の番組であり、今週が前半で来週が後半という今から考えると非常にのんびりしたものであったが、毎回ワクワクしながらテレビの前に座っていた。

優勝したブラジルの王様ペレ。ボビー・チャールトン、ボビー・ムーア、ゴードン・バンクス、マーチン・ピータースといったイングランドの名選手達。それにもまして私の心をうったのが、3位になった西ドイツの戦いぶりであった。闘将ウーヴェ・ゼーラー、優雅なフランツ・ベッケンバウアー、悲愴感漂うベルチ・フォクツ、得点王ゲルト・ミュラー、ドリブルの天才ラインハルト・リブダ……。ひとりひとりが個性的な選手たち。そして、どんなに劣勢になっても、最後まで決してあきらめないドイツの魂。もともとドイツという国に興味をもっていた私は、これをきっかけとして一気にドイツ・サッカーに夢中になっていった。なかでも特に心惹かれたのが、強烈で多彩な個性の選手達を指揮するヘルムート・シェーンという監督の存在であった。

この頃から、ようやく日本でもワールドカップという言葉が人々の口の端にのぼるようになり、少しずつではあるが海外のサッカー情報がはいってくるようになる。ちょうどその頃、ドイツは黄金時代をむかえていた。１９７０年メキシコ大会での３位に続き、１９７２年ヨーロッパ選手権では、美しく流れるような華麗なサッカーで圧勝。余勢をかって、１９７４年自国開催のワールドカップでも優勝した。そんな常勝ドイツ代表を率いたのが、ヘルムート・シェーンなのであった。

その後、夢がかなって、大学時代の１９７８年、西ドイツに留学できた時、すでにドイツ・サッカーは端境期に入っていた。ゲルト・ミュラーやベルチ・フォクツといった黄金時代の憧れの選手たちは引退が近く、ベッケンバウアーはその活動場所をサッカーの新天地アメリカに求めて海を渡ってしまっていた。その一方で、カール・ハインツ・ルムメニゲに代表される若手が、栄光を１９８０年代に引き継ぐ

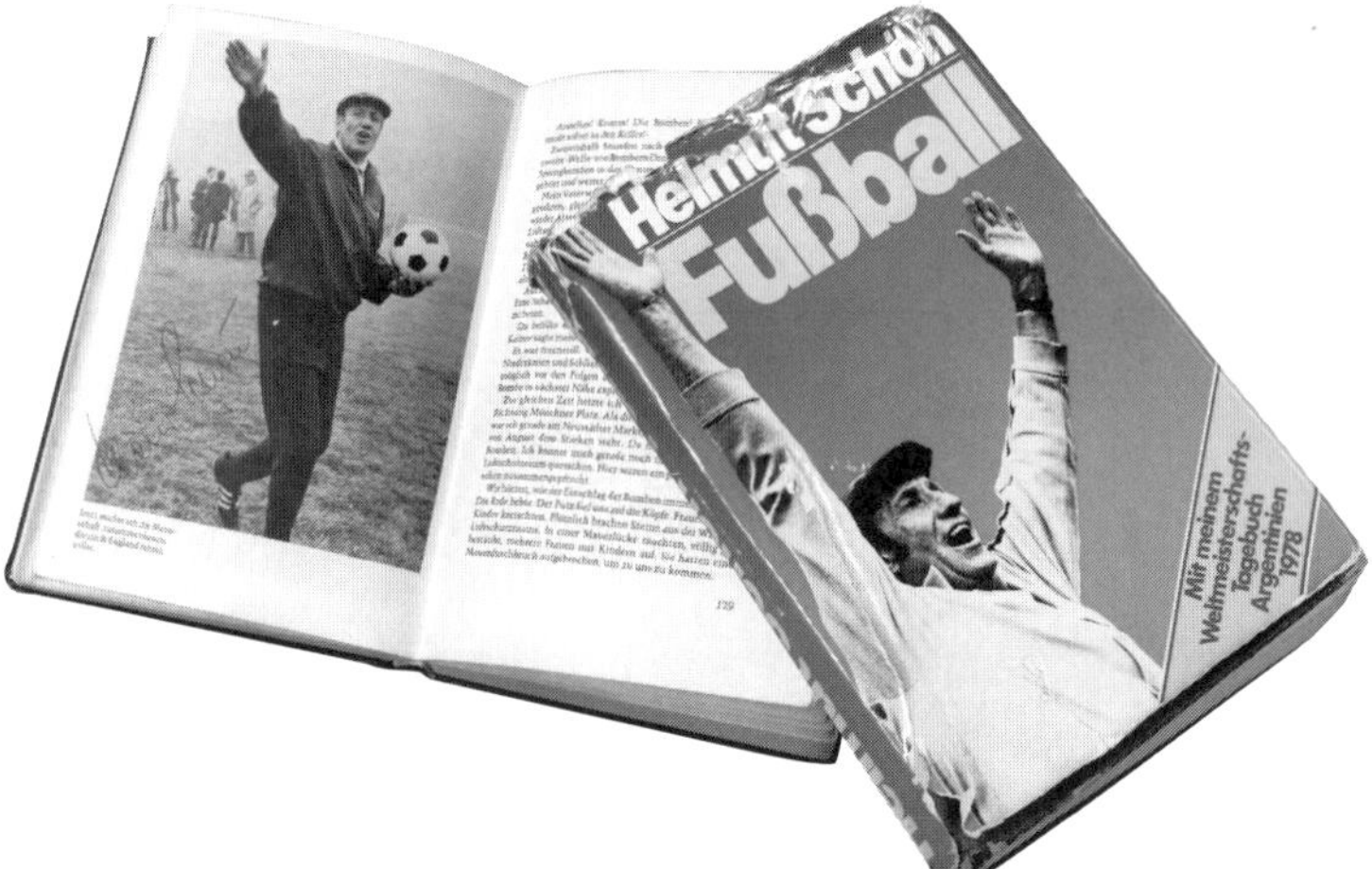

▲ヘルムート・シェーン自伝 “Fußball”

べく台頭してきていた。かつての黄金時代の終焉、そして新しい時代への期待をこの身に感じて暮らした一年であった。

今ふりかえれば、その象徴ともいえる出来事が、シェーン代表監督の引退であったように思う。1978年6月、西ドイツ代表チームは、アルゼンチンで行われたワールドカップでオーストリアに敗れ、2大会連続優勝の夢が消えた。常勝ドイツを率いた男、ヘルムート・シェーンのこれが最後の舞台となった。それでも、私にしてみれば、「シェーン監督の時代」にどうにか間に合った……というのが実感だった。

その年の12月、西部ドイツ新聞（WAZ）に小さな記事が載った。

「ヘルムート・シェーンサイン会」……留学先のボーフム市ルール大学に隣接するショッピングセンターの書店で、シェーンが、引退後に刊行された自著“Fußball”（Ullstein 社刊）にサインをするという内容だった。

当日、私は所要で遅れ、終了時間ギリギリに到着した。会場となっている小さな書店の地下には、ほとんど人影がなかった。シェーンはすでに立ち上がっていた。「すみませんが……」と自伝の写真のページを開く私。シェーンは、自らの胸のポケットにさしてあったボールペンを取り出し、丁寧にサインしてくれた。

「ありがとうございます！」

「どういたしまして」

これが、私がヘルムート・シェーンと交わした会話のすべてである。

スタッフのうながしで書店を立ち去るシェーン。私も後を追うように外に出た。子供たちに笑顔をふりまきながら、シェーンはクリスマスの雰囲気でにぎわう冬の町に消えていく。私はずっと見送っていた。


あれから30年近い時が流れた。この間、シェーンの自伝を少しずつ訳し、１９９３年の8月に完了した。Ｊリーグが開始されて間もなくである。サッカーに携わってこられた方々に、原稿をお送りした。その縁でノンフィクションライターの川井龍介氏と知り合い、氏の薦めもあって、書籍化を試みた。１９９８年フランス大会、２００２年日韓大会と、ワールドカップのたびにチャレンジしたが、日の目を見なかった。

そんな中、２００３年に、私は、勤務先の駿河台大学（埼玉県飯能市）から、一年間ドイツのミュンヘン大学に学ばせてもらった。研究の合間に、できるかぎり各地でサッカーを見た。そして帰国すると、ドイツでのワールドカップ開催まであと2年と迫っていた。奇しくも同時期に創刊されたウェブマガジン「風」（特定非営利活動法人・連想出版が刊行）で、ドイツとドイツサッカーについての連載記事を依頼された。その編集に携わっていたのが川井氏であり、以来シェーンの物語を軸に約2年にわたって同誌に掲載することになった。本書は、それを加筆修正したものである。幸運にも、32年ぶりにドイツで開催されるワールドカップを機に刊行され、肩の荷がおりた気がする。

多くの方のおかげで本書ができた。日本サッカー協会副会長釜本邦茂氏、日本のサッカージャーナリズムの草分け的存在である中条一雄氏（元朝日新聞記者）、牛木素吉郎氏（元読売新聞記者）、荒井義行氏（元毎日新聞記者）の御三方、貴重な写真を提供してくださった富越正秀氏、大修館書店の平井啓允氏、編集をサポートしてくださった川井龍介氏、大森香保子氏それに「ビバ！サッカー研究会」の仲間たちにお礼をのべたい。また一年間ドイツに留学させてくれた職場と同僚にも感謝している。

最近になって、ヘルムート・シェーン監督のご子息であるシュテファン・シェーン博士に会ってお話しをうかがうことができた。シェーン監督が一度来日したことがあり、日本人はとても親切で、丁寧だったと語っていたこと。戦後、東から西に逃亡するとき、母親が泣いていたのを6歳だった氏は、よく覚えていること。そんな話しをしてくれた。

私は、かねてから気になっていたことを確かめた。シェーン監督は、1996年に亡くなったが、本によってご命日が2月22日、2月23日と異なっている。なぜなのだろう。ぶしつけな問いにも関わらず、氏は誠意をもって答えてくれた。

「父は22日の夜中前に息をひきとったのです。医者が来て確認したのは、午前0時をまわっていました」

「それならば、ほんとうにこの世を去った22日をご命日として記したいのですが……」

氏は、にっこり笑ってうなずいた。

2006年5月4日

サッカー年表

1863	10月26日、ロンドンでサッカー協会（フットボール・アソシエーション、FA）創立
1868	明治維新
1871	ドイツ帝国誕生
1872	初の国際試合スコットランド対イングランド（グラスゴー）
	第1回FAカップ決勝
1873	スコットランドサッカー協会創立（グラスゴー）
	ジュール・リメ生まれる
1873	日本にサッカーが伝わる
1874	ドイツにサッカーが紹介され、ブラウンシュヴァイクに最初の学校チームが誕生
1875	最初のドイツ語訳の規則集（ブラウンシュヴァイク）
	オクスフォード大学チームがドイツ遠征
1876	ウェールズサッカー協会創立
1879	英国で最初のプロ選手誕生（複数のスコットランド人）
1880	ドイツ最初のサッカークラブ（ブレーメンFC）誕生
1881	フーゴ・マイスル生まれる
1882	朝鮮にサッカーが伝わる

1883 英国でホームインターナショナルズ開始
アンリ・ドロネー生まれる
1885 英国の協会がプロを容認
1888 イングランドで世界初のリーグ結成（12チーム）
ベルリンに、現存の最古のサッカークラブ「ゲルマニア88」が設立
1889 ウェールズとスコットランドの試合で、初の選手交代
デンマーク、オランダにサッカー協会創立
1892 イングランドで2部リーグ導入
南アフリカサッカー協会創立
オットー・ネルツ生まれる
1893 アルゼンチンサッカー協会創立
1894 イングランド人チャールズ・ミラーがサンパウロにサッカーを紹介
1895 スタンリー・ラウス生まれる
スイスサッカー協会創立
ベルギーサッカー協会創立
ブラジル最初のクラブCRフラメンゴ設立
1896 第1回オリンピックアテネ大会（非公式競技としてサッカーが披露される）
1897 ゼップ・ヘルベルガー生まれる
1898 イタリアサッカー協会創立
1900 1月28日、ライプツィヒでドイツサッカー連盟（DFB）創立
第2回オリンピックパリ大会の非公式競技サッカーで英国が優勝

1901	ウルグアイサッカー協会創立
	ハンガリーサッカー協会創立
	ボヘミアサッカー協会創立（1922年以後チェコスロヴァキアサッカー協会）
1902	イングランドで女子サッカー禁止
	ノルウェーサッカー協会創立
1903	初のドイツ選手権開催（優勝VfBライプツィヒ）
1904	FIFA創立（5月21日パリにて、参加国…フランス、ベルギー、デンマーク、オランダ、スペイン［加入は1913年］、スイス、スウェーデン）
	同年、ドイツが7番目のFIFA加盟国となる
	第3回オリンピックセントルイス大会（サッカーはカナダが優勝）
	オーストリアサッカー協会創立
	スウェーデンサッカー協会創立
	日露戦争（～1905）
1905	スペインサッカー協会創立
1906	パラグアイサッカー協会創立
1907	フィンランドサッカー協会創立
1908	第4回オリンピックロンドン大会（サッカーは、イングランドが優勝）
	ドイツ最初の国際試合スイス対ドイツ
	ルクセンブルクとルーマニアでサッカー協会創立
1912	第5回オリンピックストックホルム大会（サッカーは、イングランドが優勝）
	ロシアサッカー協会創立

1913 カナダサッカー協会創立
アメリカサッカー協会創立
1914 ブラジルサッカー協会創立
ポルトガルサッカー協会創立
第1次大戦勃発（〜1918）
1915 ヘルムート・シェーン生まれる
1916 南米サッカー連盟（CONMEBOL）創立
第1回南米選手権ウルグアイ優勝
第6回オリンピック、戦争のため中止
1919 フランスサッカー協会創立
ポーランドサッカー協会創立
ユーゴスラビアサッカー協会創立
ヘルマン・ノイベルガー生まれる
ヘネス・ヴァイスヴァイラー生まれる
ベルサイユ条約締結、ワイマール共和国誕生
1920 第7回オリンピックアントワープ大会（サッカーは、ベルギーが優勝）
フリッツ・ヴァルター生まれる
アルフ・ラムゼー生まれる
ドイツを代表するスポーツ誌「キッカー」創刊
英国系協会FIFA脱退
1921 ジュール・リメFIFA会長に

	イングランドでサッカークジ導入
	大日本蹴球協会創立
	エジプトサッカー協会創立
	アイルランド独立（英国として残ったのは北アイルランド）
1923	ウエンブリー落成
	ブルガリアサッカー協会創立
	関東大震災
	トルコサッカー協会創立
1924	第8回オリンピックパリ大会（サッカーは、ウルグアイが優勝）
	英国系協会FIFAに復帰
1925	オフサイドルール（1866）の変更
	デトマール・クラマー生まれる
1926	オットー・ネルツが初代のドイツ代表監督に就任
	ギリシャサッカー協会創立
1927	英国でWMシステムが普及
	最初のサッカーラジオ中継（1月22日ハイブリー、アーセナル対シェフィールドU）
	メキシコサッカー協会創立
	ユップ・デアヴァル生まれる
1928	第9回オリンピックアムステルダム大会（サッカーは、ウルグアイが連覇）
	プロアマ問題で英国系協会FIFAを脱退
	リヌス・ミケルス生まれる

1929	イングランドが欧州大陸のチームに初の黒星（マドリード、対スペイン） 国際試合初のラジオ中継（4月28日トリノ、イタリア対ドイツ） レフ・ヤシン生まれる
1930	第1回ワールドカップ・ウルグアイ大会（優勝ウルグアイ）
1931	オーストリア「奇跡のチーム」誕生
1932	FIFAの本部がパリからチューリヒに移転 アルバニアサッカー協会創立 第10回オリンピックロサンゼルス大会（サッカー競技は行われず）
1933	FAカップ決勝（エバートン対マンチェスター・シティ）で初めて背番号制導入 ヒトラーが首相に就任 オーストリア「奇跡のチーム」の終焉 キプロス、リヒテンシュタインサッカー協会創立
1934	第2回ワールドカップ・イタリア大会（優勝イタリア）
1935	ウド・ラテック生まれる
1936	ベルリンオリンピックスタジアム落成 第11回オリンピックベルリン大会（サッカーは、イタリアが優勝） ウーヴェ・ゼーラー生まれる
1937	シェーン、ドイツ代表にデビュー（ワールドカップ予選 対スウェーデン） サッカー初のTV放映（ダイジェスト）FAカップ決勝プレストンノースエンド対サンダーランド 背番号つきの最初の国際試合（ベルファスト、北アイルランド対イングランド） ゴードン・バンクス生まれる

１９３８	ボビー・チャールトン生まれる
	フーゴ・マイスル死去
	第3回ワールドカップ・フランス大会（優勝イタリア）
	ＦＡ創立75周年記念試合イングランド対ＦＩＦＡ選抜
	ドイツのオーストリア併合により、オーストリアのＦＩＦＡ脱退
１９３９	第2次大戦勃発（〜１９４５）
	「１９４２年ワールドカップ・ドイツ大会」開催決定（戦争のため実現せず）
	オーストリアの名手スィンデラー謎の死
１９４０	ペレ生まれる
	第12回オリンピック戦争のため中止
１９４１	ボビー・ムーア生まれる
１９４２	シェーン、アンネリーゼと結婚
	ドイツ代表、戦中最後の国際試合（対スロヴァキア）
	エウゼビオ生まれる
	ラインハルト・リブダ生まれる
１９４３	ヴォルフガング・オヴェラート生まれる、マーチン・ピータース生まれる
１９４４	ゼップ・マイヤー生まれる、ギュンター・ネッツァー生まれる
	第13回オリンピック戦争のため中止
１９４５	第2次大戦終結
	ドイツ、ＦＩＦＡから締め出される（他国との国際試合禁止）
	オーストリア、ＦＩＦＡに復帰

1946 ドイツ（米・英・仏占領地域）でリーグ戦復活
パリでサッカー誌「レキップ」創刊
フランツ・ベッケンバウアー生まれる、ゲルト・ミュラー生まれる
ワールドカップのトロフィーをジュール・リメ杯と改称
英国系協会FIFA復帰

1947 ベルチ・フォクツ生まれる、ジョージ・ベスト生まれる
FAカップが初のテレビ生中継
ドイツスポーツ委員会設立（後にこの組織を母体にドイツサッカー連盟再興）
アイスランドサッカー協会創立
ヨハン・クライフ生まれる

1948 第14回オリンピックロンドン大会（サッカーは、スウェーデンが優勝）
1FCニュルンベルク戦後初のドイツチャンピオンに
スウェーデン選手（グレン、ノルダール、リードホルム）イタリアクラブへ移籍
イタリアにカテナチオの普及

1949 FIFAがドイツチームの国際試合禁止を解く
ドイツが東西2カ国に分裂
東ドイツでリーグ戦開始
東ドイツが最初の国際試合（非公式）
ACトリノが、飛行機事故でチーム壊滅
オットー・ネルツ死去

1950 第4回ワールドカップ・ブラジル大会（優勝ウルグアイ）

1951	イングランド、ワールドカップでアメリカに敗れる
	西ドイツFIFAに復帰
	ザールラントサッカー協会のFIFA加盟
	スコットランド、ホームで初めてヨーロッパ大陸のチーム（オーストリア）に敗れる
	ナイター用に、白黒、または白のボール使用
1952	パウル・ブライトナー生まれる、ヨハン・ニースケンス生まれる
	シエーン、ザールラントサッカー協会の専任監督に就任
	第15回オリンピックヘルシンキ大会（サッカーは、ハンガリーが優勝）
	東ドイツFIFA加盟
	東ドイツが最初の国際試合（ワルシャワ、対ポーランド）
1953	ウリ・ヘーネス生まれる
	ハンガリー、イングランドにロンドンで歴史的勝利
1954	第5回ワールドカップ・スイス大会（優勝西ドイツ）
	ヨーロッパ・サッカー連盟（UEFA）創立
	アジアサッカー連盟（AFC）創立
1955	ザールラント住民投票で西ドイツへの復帰を決定
	ミシェル・プラチニ生まれる、ジャン・ティガナ生まれる
	アンリ・ドロネー死去
1956	第16回オリンピックメルボルン大会（サッカーは、ソ連が優勝）
	チャンピオンズカップ開始
	スタンリー・マシューズが新たに制定されたヨーロッパ最優秀選手に輝く

	アフリカサッカー連盟（ＣＡＦ）創立
	ジュール・リメ死去
	シエーン、ヘルベルガーのアシスタントになる
1957	ザールラント、西ドイツに正式復帰
1958	第6回ワールドカップ・スウェーデン大会（優勝ブラジル）
	バルセロナが第1回フェアーズカップ優勝
	ヨーロッパ・ネーションズカップ開催決定
	東ドイツサッカー協会創立
	飛行機事故でマンチェスター・ユナイテッドの8選手が死亡
1960	第1回ヨーロッパ・ネーションズカップ（優勝ソ連）
	第17回オリンピックローマ大会（サッカーは、ユーゴスラビアが優勝）
	レアル・マドリード、チャンピオンズカップ5連覇達成、インターコンチネンタルカップにも勝利
	ディエゴ・マラドーナ生まれる、ピエール・リトバルスキ生まれる、ルディ・フェラー生まれる
1961	カップ・ウィナーズカップ開始
	北中米、カリブ海サッカー連盟（ＣＯＮＣＡＣＡＦ）創立
	オーストラリアサッカー連盟創立
	ローター・マテウス生まれる
	東西ベルリン間に壁
1962	第7回ワールドカップ・チリ大会（優勝ブラジル）
	アルジェリアサッカー協会創立
1963	ＦＡ創立１００周年記念イングランド対世界選抜

	西ドイツでブンデスリーガ創立
1964	シェーン、西ドイツ代表監督に就任
	第18回オリンピック東京大会（サッカーは、ハンガリーが優勝）
	第2回ヨーロッパ・ネーションズカップ（優勝スペイン）
	ユルゲン・クリンスマン生まれる
1965	スタンリー・マシューズ、エリザベス女王よりサーの称号を受ける
1966	第8回ワールドカップ・イングランド大会（優勝イングランド、準優勝西ドイツ）
	ボルシア・ドルトムント、カップ・ウィナーズカップ優勝
	オセアニアサッカー連盟（ＯＦＣ）創立
1967	ＦＣバイエルン、カップ・ウィナーズカップ優勝
	女子サッカーヨーロッパ選手権（非公式）で、イングランドが西ドイツを破って優勝
1968	第3回ヨーロッパ選手権（ネーションズカップを改称、優勝イタリア）
	第19回オリンピックメキシコ大会（サッカーは、ハンガリーが優勝、日本3位に入賞）
1969	ペレ1000得点
1970	第9回ワールドカップ・メキシコ大会（優勝ブラジル、3位西ドイツ）
	ブラジルは3度目の優勝となり、ジュール・リメ杯を永久保持
	ワールドカップ本大会で初めてイエロー、レッドカード導入
	デンマーク、女子サッカー世界選手権（非公式）に優勝
	フェイエノールト（オランダ）がチャンピオンズカップに優勝
1971	ブンデスリーガスキャンダル発覚
	アヤックス（オランダ）がチャンピオンズカップに優勝（～1973年まで3連覇）

1972	第4回ヨーロッパ選手権（優勝西ドイツ）
	第20回オリンピックミュンヘン大会（サッカーは、ポーランドが優勝、3位東ドイツ）
1974	第10回ワールドカップ・西ドイツ大会（優勝西ドイツ）
	FCバイエルン、チャンピオンズカップ優勝
	マグデブルク、カップ・ウィナーズカップ優勝
	アヴェランジェがFIFA会長に選ばれる
1975	FCバイエルン、チャンピオンズカップ連覇
	ボルシアMG、UEFAカップ優勝
1976	第5回ヨーロッパ選手権（優勝チェコスロヴァキア、決勝のPK戦で西ドイツを破る）
	FCバイエルン、チャンピオンズカップ3連覇
	第21回オリンピックモントリオール大会（サッカーは、東ドイツが優勝）
1977	ハンブルクSV、カップ・ウィナーズカップ優勝
	ゼップ・ヘルベルガー死去
1978	第11回ワールドカップ・アルゼンチン大会（優勝アルゼンチン）
	ヘルムート・シェーン西ドイツ代表監督を退く
1979	ボルシアMG、UEFAカップ優勝
1980	第6回ヨーロッパ選手権（優勝西ドイツ）
	第22回オリンピックモスクワ大会（サッカーは、チェコスロヴァキアが優勝、準優勝東ドイツ）
	インターコンチネンタルカップが東京で開催される（トヨタカップ）
	アイントラハト・フランクフルト、UEFAカップ優勝
1982	第12回ワールドカップ・スペイン大会（優勝イタリア、準優勝西ドイツ）

1983 ワールドカップ本大会出場国が従来の16から24チームに
ジュール・リメ杯盗難にあう（ブラジル）
ハンブルクSV、チャンピオンズカップ優勝

1984 第7回ヨーロッパ選手権（優勝フランス）
第23回オリンピックロサンゼルス大会（サッカーは、フランスが優勝）
英国ホームインターナショナルズこの年をもって中止
FIFA80周年記念「FIFA勲章」制定（シェーンも受章）
第1回女子サッカー・ヨーロッパ選手権（優勝スウェーデン）
「国際サッカーの歴史と統計学会（IFFHS）」設立
ベッケンバウアー、西ドイツ代表監督に就任

1985 ブリュッセル（ヘイゼル・スタジアム）でのチャンピオンズカップ決勝「ユベントス対リバプール」でイングランド・サポーターの引き起こした乱闘により39名死亡、負傷者多数（ヘイゼルの悲劇）

1986 第13回ワールドカップ・メキシコ大会（優勝アルゼンチン、準優勝西ドイツ）
スタンリー・ラウス死去

1987 第2回女子サッカー・ヨーロッパ選手権（優勝ノルウェー）
ユニセフ試合日本対南米選抜（東京）

1988 第8回ヨーロッパ選手権（優勝オランダ）
第24回オリンピックソウル大会（サッカーは、ソ連が優勝、3位西ドイツ）
第1回女子サッカー世界選手権（優勝ノルウェー）
バイヤー・レバークーゼン、UEFAカップ優勝

1989 国際フェアプレイ年

1990 第3回女子サッカー・ヨーロッパ選手権（優勝西ドイツ）
東西ベルリン間の壁崩壊
第14回ワールドカップ・イタリア大会（優勝西ドイツ）
東西ドイツ再統一
レフ・ヤシン死去
1992 ベルチ・フォクツ、ドイツ代表監督に就任
第9回ヨーロッパ選手権（優勝デンマーク、準優勝ドイツ）
第25回オリンピックバルセロナ大会（サッカーは、スペインが優勝）
ヴェルダー・ブレーメン、カップ・ウィナーズカップ優勝
ノイベルガー死去
1994 第15回ワールドカップ・アメリカ大会（優勝ブラジル）
1993 ボビー・ムーア死去
1996 第10回ヨーロッパ選手権（優勝ドイツ）
第26回オリンピックアトランタ大会（サッカーは、ナイジェリアが優勝）
ヘルムート・シェーン死去
FCバイエルン、UEFAカップ優勝
1997 ボルシア・ドルトムント、チャンピオンズリーグ優勝
シャルケ04、UEFAカップ優勝
1998 第16回ワールドカップ・フランス大会（優勝フランス）
ワールドカップ本大会出場国が24から32チームに
ドイツ代表監督にエリッヒ・リベック就任

2000 第11回ヨーロッパ選手権（優勝フランス）
第27回オリンピックシドニー大会（サッカーは、カメルーンが優勝）
ドイツ代表監督にルディ・フェラー就任
2001 FCバイエルン、チャンピオンズリーグ優勝
2002 第17回ワールドカップ・日韓大会（優勝ブラジル、準優勝ドイツ）
2004 第12回欧州選手権（優勝ギリシャ）
第28回オリンピックアテネ大会（サッカーは、アルゼンチンが優勝）
ドイツ代表監督にユルゲン・クリンスマン就任
2005 リヌス・ミケルス死去
ジョージ・ベスト死去
2006 第18回ワールドカップ・ドイツ大会

（各種の年鑑・年表や事典を参考にした。サッカーを中心に、世界と日本の出来事を添える形で作成した）

参考文献

ヘルムート・シェーン関係

Schön,Helmut. Fußball (Ullstein 1978)

Schön,Helmut. Immer am Ball (List 1970)

Röttgen,Kurt. Zauberer am Ball,Helmut Schön (Alfred-Lau 1972)

その他

Baingo,Andreas. Highlights Fussball (Sport Verlag Berlin 1998)

Banks,Gordon. Banksy (Penguin Books 2003)

Baroth, Hans Dieter. Anpfiff in Ruinen (Klartext1990)

Beckenbauer,Franz. WM74 (Pamir 1974)

Beckenbauer,Franz. Einer wie ich (Heyne 1975)

Becker,Friedebert. Fussball Weltmeisterschaft 1958 (Copress 1958)

Bender/Kühne-Hellmessen. Herrlich verrückte Nationalmannschaft (Makossa 1994)

Bender/Pfad. Schau'n mer mal (Mosaik Verlag 1995)

Berg,Jens. Zauberer am Ball,Fritz Walter (Alfred-Lau 1972)

Bitzer,Dirk u.Wilting,Bernd. Stürmen für Deutschland (Compus 2003)

Bizer,Peter. Zauberer am Ball,Günter Netzer (Alfred-Lau 1972)

Breitner,Paul. Fussball-Weltmeisterschaft 1982 (Ullstein 1982)

Bringmann,Gilbert. Fußball-Almanach 1900-1943 (Kasseler Sport Verlag 1992)

Buschmann,Jürgen. u.a.. Sepp Herberger und Otto Nerz (Agon 2003)

Dehnhardt,Sebastian. Das Wunder von Bern (Heyne 2004)

DFB. Fußball-Jugend schlägt Brücken zur Welt (Wilhelm Limpert, 1954)

DFB. Die Fussball Weltmeisterschaft 1958 in Schweden (Wilhelm Limpert 1958)

DFB. Fußballweltmeisterschaft England 1966 (Wilhelm Limpert 1966)

DFB. Fußballweltmeisterschaft Mexiko 1970 (Wilhelm Limpert 1970)

DFB. Geschichte des deutschen Fussballsports (Wilhelm Limpert 1954)

DFB. Hermann Neuberger (Busche 1993)

Eggers,Erik. Fußball in der Weimarer Republik (Agon 2001)

FC Schalke 04. 75 Jahre Fußball-Geschichte (Druckerei und Verlag Druvela 1979)
Fischer,Gerhard u.Lindner,Ulrich. Stürmer für Hitler (Werksatt 1999)
Fox,Norman. Prophet or Traitor? The Jimmy Hogan Story (The Parrs Wood Press 2003)
Frei,Alfred Georg. Finale Grande 1954 (Transit 1994)
Friedemann,Horst. Sparwasser und Maulblümchen (Klartext 1991)
Furrer,Günther.Deutschland 74 Die X. Fussball-Weltmeisterschaft (Sport-Verlags 1974)
Gnegel,Bernhard. Das Fritz Walter-Buch (Im Bertelsmann Lesering 1960)
Grüne,Hardy. Who's who des deutschen Fußballs Band 2 (Kasseler Sport Verlag 1992)
Grüne,Hardy. 90 Jahre deutscher Ligafußball (Agon 1995)
Haake,Karl-Heinz u.Kachel,Georg. Fussball Sport ohne Grenzen
–Die Lenbensgeschichte des Fußball-Altnationalspielers Ernst Willimowski– (Laumann-Verlag 1996)
Hack,Fritz. Spieler des Jahres (Limpert 1979)
Hack,Fritz.Spiele des Jahrhunderts (Limpert 1980)
Hack,Fritz. Tore des Jahrhunderts (Limpert 1980)
Havekost,Folke u.Stahl,Volker. Fußballweltmeisterschaft 1974 Deutschland (Agon 2004)
Herberger,Sepp. Fußball Weltmeisterschaft (Römer 1973)
Heymann,Alfred. Borussia Dortmund (Droste 1977)
Hoeneß/Breitner/Lattek. Fußball-Weltmeisterschaft 1974 Deutschland (Sigloch Service Edition 1974)
Huba,Karl-Heinz. Europameisterschaft 1972 (Copress)
Huba,Karl-Heinz. Sternstunden des Fußballs (Copress 1994)
Huba,Karl-Heinz. Die Großen am Ball (Copress 1972)
Huberty/Wange. Fußball-Weltmeisterschaft 1970 (Lingen 1970)
Huberty/Wange. Fußball-Weltmeisterschaft 1978 (Lingen 1978)
Hurtmanns,W.A.. Zauberer am Ball, Berti Vogts (Alfred-Lau 1972)
Jakob,Hans. Durch ganz Europa von Tor zu Tor (Olympia-Verlag 1949)
Janes,Paul. Ein Leben für den Fußball (Bollwerk-Verlag Karl Drott 1947)
Keppel,Raphael. Deutschlands Fußball-Länderspiele Eine Dokumentation 1908-1989 (Sport-und Spiel-Verlag 1989)
Kicker. Bilderwerk Die deutschen Nationalspieler (Olympia-Verlag 1939,

Reprint Sport u.Buch Strauss 1988)
Kirchhofer,Werner. Zauberer am Ball, Sepp Maier (Alfred-Lau 1972)
Koch,Wilhelm Herbert. Die Königsblauen (Droste 1975)
Krug,Gerd. Zauberer am Ball,Willi Schulz (Alfred-Lau 1972)
Krug,Gerd. Zauberer am Ball, Uwe Seeler (Alfred-Lau 1972)
Lehner,Ernst. Mit dem Lederball quer durch Europa (Werner Tapper 1948)
Leinemann,Jürgen. Sepp Herberger (Rowohlt 1997)
Lennartz/Teutenberg. Ⅱ.Olympische Spiele 1900 in Paris (Agon 1995)
McKinstry,Leo. Jack & Bobby (CollinsWillow 2003)
Maibohm/Maegerlein. Sepp Herberger Fußball–sein Leben(Arena 1976)
Maibohm,Ludwig. Zauberer am Ball,Sepp Herberger (Alfred-Lau 1972)
Marquis,Max. Sir Alf Ramsey Anatomy of a football manager (Sportsmans Book Club Newton Abbot 1972)
Menzel,Roderich. Die besten Elf Torjäger (Hoch 1975)
Michel,Rudi. Deutschland ist Weltmeister! (Südwest 2004)
Mikos/Nutt. Als der Ball noch rund war (Campus 1997)
Morlock,Max. 13 meine Glückszahl (Copress 1961)
Mrazek. Sternstunden der Bundesliga (Copress 1993)
Müllenbach,H.J. u.a.. Das Wunderteam (Agon, Reprint 1991)
Müller,Gerhard. Tore entscheiden (Copress 1974)
Müller,Gerd. Goldene Beine (Komar 1971)
Nerz/Koppehel. Der Kampf um den Ball (Prismen 1933)
Neumann,Herbert. Eintracht Frankfurt (Droste 1974)
Overath,Wolfgang. Ja,mein Tenmperament(DuMont 1970)
Preilowski,Volker,.Die Elf des Jahrhunderts (Agon 1996)
Prüller,Heinz. Happel (Orac 1993)
Querengässer,Klaus. Fußball in der DDR 1945-1989 Teil1 Die Liga (Agon 1994)
Querengässer,Klaus. Fußball in der DDR 1945-1989 Teil2 Nationalmannschaft (Agon 1995)
Querengässer,Klaus. 100 Jahre Fußball in Dresden (Agon 1995)
Rahn, Helmut. Tore schießen (Copress 1959)
Rous,Stanley. Football Worlds (Faber 1978)
Schäfer,Hans. Die Schäfer BALLade (DuMont 1953)
Scherzer,Hartmut. Jürgen Grabowski (Copress)
Schlegel/Behrendt. Fussball-Magnet für Millionen (Sportverlag Berlin 1977)

Schnellinger,Karlheinz. Gib mir den Ball (Copress 1962)
Schoppe,Ralf J.. Fortuna Düsseldorf (Droste 1974)
Schröder,Ulfert. Berti Vogts (Copress)
Schröder,Ulfert. Günter Netzer (Copress 1973)
Schröder,Ulfert. Zauberer am Ball, Karl-Heinz Schnellinger (Alfred-Lau 1972)
Schulze-Marmeling. Davidstern und Lederball (Werkstatt 2005)
Schwarz-Pich,Karl-Heinz. Der DFB im Dritten Reich (Agon 2000)
Seeler,Uwe. Alle meine Tore (Copress 1965)
Seeler,Uwe. Danke,Fußball! (Rowohlt 2003)
Steffny,Manfred. Zauberer am Ball, Wolfgang Overath (Alfred-Lau 1972)
Thelen,Willy. Hans Schäfer Tausende Spiele-Tausende Tore (Copress 1963)
Thielke,Thilo. An Gott kommt keiner vorbei…(Werkstatt 2002)
Ueberjahn,Dieter. Europas Spitzenklubs (Engelbert 1982)
Valérien,Harry. Fußball 78 (Südwest 1978)
Vaubel,Jan-Eberhard. Zauberer am Ball, Gerd Müller (Alfred-Lau 1972)
Vogts,Berti. Klein, aber oho! (Kormar 1971)
Vogts,Berti. Berti Vogts (Spotr Verlag und Werbung 1977)
Walter,Fritz. 11 rote Jäger (Copress 1959)
Walter,Fritz. Die Spiele in Chile Fussball-Weltmeisterschaft 1962 (Copress 1962)
Walter,Fritz. So habe ich's gemacht (Copress 1962)
Walter,Fritz. Der Chef Sepp Herberger (Copress 1964)
Walter,Fritz. Spiele, die ich nicht vergesse (Copress 1991)
Walter,Fritz. 3:2 (Copress 1992)
Walter,Fritz. Wie ich sie sah… Die Spiele zur Weltmeisterschaft in England (Copress 1966)
Walter,Fritz. So war es Fußball-Weltmeisterschaft in Schweden (Copress 1958)
Walter,Fritz. Alsenborn (Copress 1968)

辞典類

Bitter,Jürgen. Deutschlands Fussball Das Lexikon (Sport Verlag 2000)
Egger,Anton. Österreichs Fussball Länderspiele Chronik 1902-1993 (Anton Egger 1994)
Fussball Lexikon (Copress 1991)

Grüne,Hardy. WM Enzyklopädie 1930-2006 (Agon 2002)
Keppel,Raphael. Deutschlands Fußball-Länderspiele Eine Dokumentation 1908-1989 (Sport- und Spiel-Verlag 1989)
Lexikon für Fussball Freunde (Bucher 1978)

邦語文献

サッカー世界のプレー（メキシコ大会版　牛木素吉郎他　講談社 1970）
サッカー世界のプレー（西ドイツ大会版　牛木素吉郎　講談社 1974）
サッカー世界のプレー（アルゼンチン大会版　牛木素吉郎　講談社 1978）
おお、サッカー天国（中条一雄　日刊スポーツ出版社　1975）
ワールドカップの回想（ジュール・リメ著　牛木素吉郎監修　ベースボール・マガジン社　1986）

雑誌

サッカー・マガジン（ベースボール・マガジン社）
イレブン（日本スポーツ出版社）
Fußball-Weltzeitschrift (IFFHS)
Libero (IFFHS)
Kicker (Olympia-Verlag)
Fußball Woche (Deutscher Sportverlag)
Sport Bild (Axel Springer)
DFB Journal (DFB)
Verlängerung (Agon)

ビデオ・DVD

Der Triumph von München (ARD Video 2004)
100 Schalker Jahre (Kinowelt 2004)
40 Jahre Bundesliga (Kinowelt 2003)
Soccer World Cup Series West Germany vs Switzerland (Trace Video Sports Club 1988)
Soccer World Cup Series England vs West Germany (Trace Video Sports Club 1988)

Classic Cup Finals, European Cup Winners Cup, Borussia Dortmund vs Liverpool 1966 (Trace Video Sports Club 1988)
Classic Cup Finals,The Football Association Centenary Match England vs The Rest of the World 1963 (Trace Video Sports Club 1988)
1972 England VS West Germany (Trace Video Sports Club 1986)
1972 West Germany VS USSR (Trace Video Sports Club 1986)
Geschichte der Bundesliga (Fernseh Allianz GmbH Studio Hamburg 1998)
Das Wunder von Bern (ZDF Video 1994)
Das Wunder von Bern,Die wahre Geschichte (Euro Video 2004)
Die Gerd Müller Story (MM Video)
Goal, The World Cup 1966 (Quadrant Video)
The World at their feet, The World Cup 1970 (Quadrant Video)
Heading for Glory, The World Cup 1974 (Quadrant Video)
Das Kaiser Spiel (Sports and More 1995)
Borussia Erfolge in Grün und Weiß (MM Video)
100 Jahre HSV (MM Video 1987)
Der Club, 90 Jahre 1.FC Nürnberg (MM Video 1990)
Die roten Teufel, 1.FCK (Fernseh Allianz GmbH 1991)
'70 メキシコワールドカップ 西ドイツ VS イングランド（日本スポーツビジョン 1994）

[著者略歴]

明石真和（あかし・まさかず）

1957年千葉県銚子市生まれ。南山大学、ルール大学、学習院大学大学院でドイツ語ドイツ文学を専攻。関東学院大学、法政大学、亜細亜大学等の講師を経て現在は駿河台大学教授。サッカー部部長も務める。2003年度ミュンヘン大学客員研究員としてドイツ滞在。シャルケ04（ドイツ）会員。トッテナム・ホットスパー（イングランド）会員。ドイツ代表ファンクラブメンバー。

栄光《えいこう》のドイツサッカー物語《ものがたり》

NDC783　286P　20cm

初版第1刷――2006年6月20日

著　者――明石真和《あかしまさかず》

発行者――鈴木一行

発行所――株式会社大修館書店

〒101-8466 東京都千代田区神田錦町3-24

電話 03-3295-6231（販売部） 03-3294-2358（編集部）

振替 00190-7-40504

［出版情報］ http://www.taishukan.co.jp

http://www.taishukan-sport.jp（体育・スポーツ）

装幀・デザイン―中村友和（ROVARIS）

印刷所――壮光舎印刷

製本所――牧製本

ISBN4-469-26619-1 Printed in Japan